POUR & CONTRE

L'EUROPE FÉDÉRALE

DES MÊMES AUTEURS

Bernard Guetta

PATRON, MAIS..., *avec Claude Neuschwander*, Seuil, 1975.

POLOGNE, *avec Bruno Barbey*, Arthaud, 1982.

ELOGE DE LA TORTUE, *l'URSS de Gorbatchev, (1985-1991)*, Le Monde Editions, 1991.

GÉOPOLITIQUE, Editions de l'Olivier, 1995.

Philippe Labarde

AH DIEU QUE LA GUERRE ÉCONOMIQUE EST JOLIE, *avec Bernard Maris*, Albin Michel, 2000. LGF, 2001.

LA BOURSE OU LA VIE, *avec Bernard Maris*, Albin Michel, 1998.

BERNARD GUETTA
PHILIPPE LABARDE

POUR & CONTRE

L'EUROPE FÉDÉRALE

BERNARD GRASSET
LES ÉCHOS

COLLECTION DIRIGÉE PAR

ERIK IZRAELEWICZ

Introduction

▲

par Bernard Guetta

Nous nous étions déjà empoignés. C'était un soir tard, sur France 2, dans une émission d'Albert Du Roy. Nous n'étions pas seuls mais je ne voyais plus que lui, il ne voyait plus que moi, tant nous nous horripilions. Je plaidais l'Europe au nom de l'Histoire, de l'équilibre international, de son modèle social et de la convergence de ses nations. Je plaidais pour convaincre mais il n'entendait qu'un exalté, voire un avocat retors défendant la plus mauvaise des causes à coup d'effets de manche.

Alors il grommelait, soupirait, s'esclaffait et, moins il contenait sa colère, plus il m'interrompait pour m'accabler, chiffres en main, des méfaits libéraux de la construction européenne, moins je le comprenais. Comment pouvait-il, lui, l'ami, le journaliste que j'appréciais tant, ne pas comprendre que les premiers pas de l'Europe étaient forcément libéraux puisqu'ils se faisaient dans une période de triomphe mondial du libéralisme?

Comment ne comprenait-il pas que les évolutions politiques ultérieures dépasseraient ce moment? Qu'aucun dogmatisme n'avait jamais résisté à l'épreuve des faits? Que l'important était d'affirmer un nouvel acteur sur la scène internationale? Que l'urgence était de projeter la puissance défaillante des Etats-nations au seul niveau qui vaille désormais, celui des grands ensembles continentaux dont il fallait faire, sans tarder, des puissances politiques, capables de canaliser, organiser, réguler, un marché d'ores et déjà mondialisé?

Je l'avais trouvé frileux, de mauvaise foi, accroché à des certitudes comptables, refusant de voir la dynamique d'une entreprise pourtant bien moins risquée que la nostalgie décadente et le statu quo de l'éclatement.

Et puis il y eut ce livre. Philippe voulait en faire un « bilan ». Ça commençait mal. Pourquoi toujours en revenir au passé? Ce ne serait pas un débat puisque nous sommes presque aussi critiques l'un que l'autre sur les premières étapes de l'Europe. Pourquoi ne pas plutôt partir du présent, de cette monnaie commune dont se sont désormais dotés les Européens, pour enfin parler de l'avenir politique de l'Europe, de ce fédéralisme que Philippe récuse et que je prône?

Faute d'accord sur le plan, nous avons donc commencé sans plan – comme on entame une conversation. C'était la bonne méthode. Jour après jour, sept jours durant, ce fut une vraie discussion. Nous nous sommes écoutés et même entendus. J'ai retrouvé Philippe. Chacun de nous a découvert les raisons de l'autre qui sont autres et de plus de poids que nous ne le pensions, qu'on ne l'imagine, surtout, dans chacun des deux camps, fédéraliste et antifédéraliste.

Philippe a marqué des points. J'en ai marqué. Je pense l'avoir ébranlé. Il dit que non. Le lecteur jugera mais c'était une discussion de bonne foi, sincère, loyale et passionnée, dont je crois pouvoir dire qu'elle éclaire le débat. C'était l'objectif.

Introduction
▼
par Philippe Labarde

Autant vous le dire : cette préface n'était pas prévue. L'éditeur l'a souhaitée. Pour autant il serait injuste et faux de dire qu'elle me fut imposée. Car au fond, il a raison l'éditeur. Pourquoi ce livre? Pourquoi maintenant? Pour quoi faire, ou plutôt pour quoi dire? Cette dernière question est bien évidemment la plus angoissante puisqu'elle te concerne toi, le lecteur, en dernier ressort. A défaut d'y répondre, je peux m'essayer à éclairer les deux premières.

Ce livre est une occasion. Non pas de vous céder à un prix défiant toute concurrence un produit de seconde main. Non. C'est pour moi l'occasion de tenter d'assembler dans un débat les pièces qui composent dans ma tête le puzzle européen.

Je vous ferai grâce de la référence à la langue d'Esope – le pire et le meilleur. Pour autant il me faut bien admettre que l'Europe me laisse partagé. Entendons-nous. L'Europe puissance porteuse d'un modèle de société différent du modèle anglo-saxon, attentive non pas à l'humanitarisme mais à la justice, assumant un dessein collectif de citoyens, bref l'Europe héritière des Lumières, n'a pas plus chaud partisan que celui qui écrit ces lignes.

Mais l'Europe que nous avons construite depuis bientôt cinquante ans n'est pas celle-là. Les rides lui vont mal. Elle grimace et, loin d'apparaître comme une espérance vers laquelle nous devrions tendre, elle suscite la méfiance de beaucoup. A juste titre. Présentée par ses supporters comme la solution miracle, le Graal enfin conquis, elle se révèle au fil de son épanouissement une étrange machine, cheval de Troie de la mondialisation libérale.

Pourquoi en est-il ainsi? Comment en est-on arrivé là? Pourquoi cette Europe apparaît-elle plus subie que souhaitée par les peuples qui la composent? L'Union politique est-elle la réponse? Et si oui, quelle union? Peut-elle échapper à une crise forte mais fondatrice?

Ces questions, comme d'autres, je me les pose, et je dois dire que les proclamations des européanistes militants ne m'enchantent pas plus que les dénonciations des souverainistes obsessifs.

C'est en cela que ce livre s'est présenté comme une occasion de mettre un peu d'ordre dans ces interrogations et ces réflexions parfois contradictoires.

Je dois dire que le choix de mon interlocuteur eût balayé d'éventuelles réticences. Voilà des années que je connais Bernard Guetta. Nous avons travaillé ensemble au *Monde*.

Je connais sa passion, sa fougue, ses partis pris qui ne l'empêchent pas d'écouter et d'entendre.

J'ai pris plaisir à dialoguer avec lui, et si je ne l'ai pas plus convaincu qu'il ne l'a fait, à tout le moins avons-nous découvert, sinon des convergences du moins des pistes de réflexion communes. Voilà. Ce livre est un livre de journalistes, qui s'efforcent l'un et l'autre d'être subjectivement désintéressés, pour reprendre la belle expression du fondateur du *Monde*, Hubert Beuve-Méry. Il n'est que cela, mais il est cela.

▲ Bernard Guetta : Pour moi, l'Europe est une passion. Les avancées et la réalisation d'une Europe politique, d'une Europe à même de proposer son modèle social aux autres continents, de peser dans le monde, d'y peser aussi lourd que les Etats-Unis et d'assurer par là les conditions d'un pluralisme international – cette ambition européenne est aujourd'hui mon combat.

Elle est, pour moi, la première des batailles, celle qui conditionne les autres, mais je n'en ai compris que récemment l'importance. C'était en 1989. J'étais à Moscou, correspondant du *Monde*. Quelques années plus tôt, j'avais couvert la naissance de Solidarité. J'avais vécu chaque instant de cette épopée. J'avais appris là-bas, à Gdansk et à Varsovie, que le communisme et l'empire soviétique n'étaient pas invincibles mais minés de contradictions, faibles et vieillis.

J'étais arrivé à Moscou convaincu que c'était la fin de ce système, une fin que je n'imaginais pas aussi rapide, longue au contraire, mais certaine. Tout ce que j'entendais et découvrais confortait cette certitude. Le Mur allait tomber, il tombait. Ce continent allait se retrouver et, bientôt, s'unifier.

L'Europe démocratique et l'Europe communiste, les deux mondes d'un continent divisé, allaient converger dans la liberté et la question qui se posait, je me la posais en tout cas, était de savoir comment organiser ce bouleversement, canaliser ce chaos créateur.

J'espérais mais doutais qu'il serait possible de le faire. La Yougoslavie n'avait pas encore éclaté. Ce n'était que le temps des premiers grondements. Il n'y avait pas encore de guerre en Tchétchénie ni de poussée wahhabite en Asie centrale mais, déjà, l'Arménie était en ébullition et, malgré toute la force qui lui restait, le pouvoir soviétique était incapable de mettre un terme à ce conflit, toujours pendant, entre Arméniens et Azéris.

Dans cette seule crise, on voyait remonter toutes les aspirations nationales des peuples de l'URSS, le XIX° siècle refaire surface sous le glacis soviétique et s'enclencher à l'infini d'inextricables conflits sur le tracé de frontières sans cesse remodelées. Il y avait pire.

On voyait Gorbatchev perdre lentement mais sûrement pied devant la montée de l'impatience, du tout, tout de suite – les indépendances nationales et le pluralisme, la dislocation brutale de l'URSS et le passage immédiat à l'économie libérale. Là où il aurait fallu pouvoir penser une transition, c'est l'idée d'un 17 à l'envers, d'une nouvelle révolution, qui s'imposait dans les élites soviétiques, pressées de rompre avec un embarrassant passé.

Il y avait encore bien pire. Comme dans toute situation

révolutionnaire, la prime allait aux plus radicaux. Le modèle économique qui fascinait était l'extrême de l'autre camp, la version idéologique du libéralisme, le thatchérisme, la révolution conservatrice de Reagan, l'appel de Pinochet aux Chicago boys. Les privatisations devenaient un impératif catégorique face auquel les conseillers économiques de Gorbatchev ne pouvaient simplement pas faire entendre qu'il fallait, d'abord, créer les conditions culturelles et juridiques du marché, démonopoliser, introduire la concurrence, et non pas privatiser des monopoles sur lesquels lorgnaient déjà les managers communistes et des aventuriers de génie, futurs « oligarques » et « nouveaux riches ».

La sauvagerie sociale allait s'ajouter au cataclysme politique et c'est, dans cette annonce du tragique pillage eltsinien, dans ce nouveau paysage mondial et ce naufrage de la Raison, que j'ai commencé à voir d'un tout autre œil Bruxelles, ses « commissaires » et ses « marathons agricoles ». Jusque-là, rien de tout cela ne m'avait intéressé. Ces histoires de prix du beurre et de montants compensatoires m'indifféraient totalement. Je n'y comprenais rien. Je savais à peine ce qu'était un commissaire européen. Je ne m'en souciais pas car, depuis mes premiers papiers sur la dissidence, au milieu des années soixante-dix, la seule chose qui me passionnait était « l'autre Europe », l'Europe communiste, ses failles et son devenir.

J'ai brutalement changé. En 1989, quand Marc Ferro m'a proposé de participer à un ouvrage collectif sur les visions croisées d'intellectuels soviétiques et français, ce n'est ni sur la Perestroïka ni sur la dissidence que j'ai voulu écrire mais sur l'Europe – sur la communauté des deux Europe et le point d'ancrage que représentait le petit début d'unification entrepris à l'Ouest. J'avais soudain réalisé le formidable atout qu'il représentait à l'heure de l'écroulement communiste.

J'avais compris, commencé de comprendre, que les différences entre la social-démocratie et la démocratie chrétienne n'étaient que secondaires face au libéralisme anglo-saxon qui allait l'emporter dans l'ancien bloc soviétique, qu'il y avait un modèle libéral et un modèle européen, qu'entre les deux mon choix était fait, qu'il n'y avait rien, désormais, de plus important que l'affirmation de l'Europe politique.

◢ Philippe Labarde : L'effondrement du communisme a également modifié mon regard mais, pour moi, le déclic fut le débat sur le Traité de Maastricht. Auparavant, c'est vrai, l'effondrement communiste m'avait secoué. Au-delà de la défaite d'un système battu surtout par auto-étouffement, je percevais aussi que la victoire du « monde libre », comme on disait, allait d'abord être celle des Etats-Unis et que cette hyper-puissance avait de grandes chances de rester sans contrepoids. Alors l'Europe, pourquoi pas ? Et pourquoi pas une Europe élargie aux pays de l'Est ?

Je pensais, évidemment, à l'Europe en termes de contrepouvoir, de modèle alternatif. Et qu'est-ce que je découvre ? Que, depuis l'instauration du marché unique au travers de l'Acte unique entré en vigueur le 1er juillet 1987, l'Europe a pris un virage décisif en privilégiant le marché et la concurrence. Le citoyen cède le pas au consommateur. La dérégulation est à l'ordre du jour, de même que le recul de l'Etat et le démantèlement du collectif. Gravissime constat au moment où justement s'impose, sous l'impulsion des Anglo-Saxons, un libéralisme financier débridé, sous la forme d'une mondialisation qui est en fait une globalisation.

Je m'explique : la mondialisation ne date pas d'hier. Braudel la suit à la trace au travers des siècles. La globalisation est autre chose : c'est la tentative d'imposer un modèle global d'échanges, de répartition des richesses, et même de comportement moral. Les Américains y sont naturellement favorables, convaincus qu'ils sont d'être du côté du Bien, avec Dieu à leur côté.

Or avec l'Acte unique, bientôt suivi de l'Union monétaire qui précède elle-même l'euro, l'Europe va fabriquer de la concurrence et du marché. Elle va s'attaquer aux services publics. Elle va déréguler à tout va, l'Etat va devenir son adversaire. Bref, au lieu d'être un pôle de résistance, un modèle alternatif, elle est en fait le cheval de Troie de la globalisation libérale et financière qui balaie tout sur son passage. Delors, qui est le père de l'Acte unique, avait dit à ce propos qu'il était « une révolution ». Il avait raison, à cela près qu'il était plutôt une contre-révolution. C'est un fait : l'Etat-providence, du keynésianisme bien tempéré, de la redistribution organisée par l'Etat ou plutôt par les politiques, a basculé dans une hystérie marchande et concurrentielle que l'on ne pouvait imaginer.

Pourquoi en a-t-il été ainsi? Voilà ce que je me demande. Il est idiot d'accuser les « technocrates » de Bruxelles. Ceux-là ont certes du pouvoir, nous y reviendrons, mais la responsabilité revient, en dernière analyse, aux politiques. Quoi qu'il en soit, on ne peut continuer comme ça. Car cette Europe, telle qu'elle fonctionne, ne peut aller que dans le sens de l'uniformisation et, pour tout dire, d'une américanisation de notre société. Ça, c'est inacceptable.

Au fond, je ne sais pas si l'avenir de l humanité va vers la formation de grands blocs géographiques. Peut-être, et s'il en était ainsi l'Europe au sens le plus large y aurait sa place. Pourquoi pas?

Ma critique n'est pas celle d'un souverainiste. Je préférerais de beaucoup vivre dans une Europe solidaire, humaniste, respectueuse des faibles, communautaire et citoyenne en un mot, plutôt que dans une France craintive et étriquée. Mais l'Europe qu'on nous construit depuis des lustres ne va pas dans ce sens. Elle va en sens inverse. Dès lors, je ne pense pas qu'on puisse éviter une crise et, pour ma part, je la souhaite. Non seulement je ne souhaite pas qu'on élargisse, mais je ne souhaite même pas qu'on approfondisse. Je souhaite qu'on refasse. Très clairement, je pense que cette Europe a besoin d'une crise grave, profonde, où seront enfin posées les vraies questions.

▲ **B.G.** : Un retour en arrière, pour éclairer le débat. En 1989, quand je découvre ce que j'appellerais le «besoin d'Europe», besoin, à mes yeux, d'unité politique et de fédéralisme européens, je réalise aussi que je vis, depuis une quinzaine d'années, un pied dans chacune des deux Europe de l'époque, que mes amis les plus proches ne sont pas des hommes de l'Europe occidentale, de la mienne, mais de «l'autre» et que j'ai pourtant avec eux une communauté de culture, d'aspirations, d'expériences générationnelles, proprement stupéfiante.

Adam Michnik, l'un des acteurs décisifs de la liberté polonaise, n'a certainement pas grandi, et vice versa, dans le même système politique que moi mais nos évolutions ont été strictement parallèles. Enfants, nous sommes nés, lui et moi, dans des milieux très à gauche, élevés par des parents auxquels le nazisme avait fait choisir le socialisme. Etudiants, à la fin des années soixante, nous nous sommes naturellement engagés dans le mouvement international de contestation de l'ordre d'après-guerre – lui dans les plus grands dangers, comme figure de proue, moi comme jeune bachelier, sans le moindre risque, mais tous deux à fond.

Dans les années soixante-dix, lui comme militant, moi comme journaliste, lui d'une prison à l'autre, moi d'un article l'autre, nous n'avons vécu que dans l'émergence de la dissidence comme force politique essentielle. Dans les années quatre-vingt, lui comme théoricien, moi comme correspondant, nous avons accompagné la fin du soviétisme et, depuis, nous cherchons, tâtonnons, avec une seule certitude ou, plutôt, deux certitudes convergentes – la nécessité, pour lui, d'accrocher son pays à l'Union européenne; celle, pour moi, de construire une Europe forte, c'est-à-dire politique...

◢ Ph.L. : ... Mais cette Europe qu'on construit aujourd'hui n'est pas celle que vous idéalisez dans vos «tâtonnements»! C'est celle de la dérégulation, du recul de l'Etat et de la citoyenneté, de tout ce qui est commun aux citoyens...

◣ B.G : ... «Qu'on construit»? C'est qui «on»? La Pologne est aujourd'hui une démocratie, comme la France. On vote dans les quinze Etats membres de l'Union et dans tous les pays candidats. «On», ce n'est pas une force occulte. C'est nous tous, les électeurs de ces pays. Si la majorité des partis européens, même à gauche, sont aujourd'hui plus libéraux que sociaux-démocrates, il est peut-être triste, je m'en attriste, mais logique et démocratique que leurs conceptions l'emportent, pour l'heure, dans le choix des politiques européennes. On y reviendra mais laisse-moi finir.

Ce que je voulais te dire, par ce parallèle entre Michnik et moi, c'est que si les sociétés européennes ont finalement pu avoir des évolutions semblables malgré le Mur, elles le pourront, a fortiori, sans le Mur, au sein d'une même Union où les partis et le débat seraient communs. Les politiques européennes ne te conviennent pas? A moi non plus mais que faut-il faire alors?

Vouloir organiser la démocratie européenne, faire naître des majorités et des partis paneuropéens, un exécutif et un Parlement responsables devant des électeurs européens, ou nous recroqueviller dans nos coquilles nationales, pauvres petits escargots craintifs, apeurés par le moment libéral?

« Arrêtons! Regardons!, dis-tu. Vite une pause! » Je te dis non. Je te dis, au contraire, qu'il faut accélérer – non pas « accélérer l'Europe », ce qui ne voudrait, en effet, rien dire d'autre que développer les politiques que tu critiques mais accélérer l'unification politique de l'Europe pour y faire triompher, par la démocratie, par le débat, par le combat politique entre des forces économiques et politiques différentes, voire antagonistes, des idées dont je soupçonne qu'elles nous sont largement communes.

▲ Ph.L. : Plusieurs réponses. D'abord le « on ». Tu as raison, il n'y a pas de main invisible de la bourgeoisie, du capitalisme. Ce n'est pas ça, les « on ». Un rappel néanmoins. Au moment de la bataille politique sur le Traité de Maastricht – qui, pour aussi mal foutue qu'elle ait été présentée, fut la seule digne de ce nom –, les « on » dont je te parle c'étaient tout simplement les médias français dans leur quasi-totalité...

◣ B.G. : ... Non! « Les médias », ça ne veut rien dire. Les journaux sont faits par des journalistes, des hommes, des citoyens, représentatifs d'une période politique, des courants et des idées qui la dominent. Ce n'est tout de même pas toi qui vas reprendre l'antienne de « la faute aux médias »!

▲ Ph.L. : Tu as raison. Dont acte. Le fait est que les médias étaient représentatifs. De quoi? Des partis de gouvernement. Du «cercle de la raison», pour reprendre la définition d'Alain Minc. Ces gens-là, dont je ne mets pas en doute la bonne foi, étaient, au fond, convaincus d'incarner le bon sens. Le résultat du référendum les a stupéfiés. Ils ne pouvaient traiter tous les opposants d'archaïques ou de crypto-communistes, tant il était vrai que parmi les «non» figuraient des gens qui sentaient bien qu'à travers Maastricht et l'Union monétaire, « on » leur construisait une Europe alignée sur le modèle dominant.

Au-delà du fait qu'on a pu mesurer à cette époque la faiblesse du poids réel des médias sur l'opinion, il y a une question que je me pose. Dès lors que tous les partis de gouvernement figuraient dans le même camp, n'y eut-il pas, chez les partisans du non, un réflexe de lassitude ou de renoncement qui pourrait expliquer la désaffection du politique? Tous ces partis de gouvernement d'accord entre eux, c'était curieux...

◣ B.G. : ... Leur accord ne prouvait pas, a priori, qu'ils avaient tort.

▲ Ph.L. : Mais les « on » c'est ça, l'accord de tous ces partis de gouvernement. Et, en face des « on », il y a eu 49,3 % de gens qui ont dit « non ». En face des « on » il y a eu des « non ». Les « on », mais là je fais dans le subjectif, c'était au fond ces gens qui se sentaient aptes à faire les bons choix.

▶ B.G. : Là, tu confonds tout, l'Europe et la crise des représentations politiques.

◀ Ph.L. : Non, on ne confond pas tout : on comprend tout. On comprend l'Europe qu'on nous construit et on comprend que ça ne fonctionne pas. A cette occasion-là, la césure qui s'est opérée dans ce pays était très intéressante. Car dans les « non » il n'y avait pas que des archaïques, il y avait d'autres gens qui disaient « non » à cette Europe-là. Il y avait des gens qui sentaient, à travers Maastricht, à travers l'Acte unique, ce qu'apportait l'Acte unique, ce qu'était cette construction bizarre où, au fond, le droit communautaire l'emportait absolument sur tout, était la pierre dominante de la construction européenne, où la politique était écartée, où d'un coup l'économie prenait le pas sur tout. Il y a des gens qui ont compris que, derrière, on leur préparait l'Union monétaire et qu'on les préparait à des échéances sur lesquelles on ne pourrait jamais revenir.

▶ B.G. : Il n'y avait rien à découvrir « derrière ». Rien de caché ni de mystérieux. Maastricht, c'était l'Union monétaire. C'était parfaitement clair.

◢ **Ph.L.** : C'était l'échelle de perroquet, sur laquelle on ne revient jamais en arrière, dont on ne redescend pas. Il y avait, à ce moment-là, des gens qui auraient voulu qu'on prenne notre temps. Je pense que ceux-là avaient raison. Et quand tu me dis qu'il faut continuer, continuer quoi? Continuer à libéraliser? Continuer à construire politiquement l'Europe, sans même parler un seul instant du projet de société que l'on a, ou en en parlant à travers des directives? C'est extraordinaire de dire qu'il faut continuer. Mais qu'est-ce qui vous fait peur, le coup du vélo? De tomber si vous arrêtez de pédaler?

◣ **B.G.** : C'est moi qui te demande ce qui vous fait peur.

◢ **Ph.L.** : Non, moi rien ne me fait peur. Je veux seulement faire un bilan. Je ne vois pas en quoi le fait de faire un bilan vous fait peur. Pourquoi ne pas faire de bilan? Faisons-le! Découvrons les erreurs qui ont été commises, elles sont tellement nombreuses. Il faut sans doute réinventer quelque chose qui soit bâti autour d'un passé dont on ne peut pas faire table rase, et avec des pays, des peuples qui ont mille, deux mille ans d'Histoire. On ne peut pas prendre le temps d'une pause, d'une mise entre parenthèses, d'une espèce d'examen par les Parlements nationaux des avantages et des inconvénients de l'Europe?

▲ **B.G.** : Je ne vois pas ce qui s'oppose, ou qui s'oppose, à ce que les Parlements nationaux débattent de projets pour l'Europe. Qui est contre cela?

▲ **Ph.L.** : Le fait est que personne ne le propose. Chacun continue d'avancer et de pédaler. Tout le monde pédale. Il n'y a pas assez d'Europe! Il faut plus d'Europe! Combien y a-t-il d'éditos comme ça, dans les journaux! Ça me fait rire ce « plus d'Europe ».

▲ **B.G.** : Attends! On ne peut pas caricaturer à ce point! Je ne dis jamais, dans un éditorial, qu'il faut *« plus d'Europe »*, comme ça, dans le vide, sans dire plus *de quelle Europe*. Je décris l'Europe que je souhaite, formes institutionnelles et choix politiques, et tous les journalistes, tous les partis en font autant. Certains disent « plus d'Europe sociale » ou « plus d'Europe politique »; d'autres « plus d'Europe de la concurrence » ou du « moins d'Etat ». Ça s'appelle un débat.

▲ **Ph.L.** : Non. Le discours constant, c'est « plus d'Europe » ou « pas assez d'Europe ».

▲ **B.G.** : Pas du tout. C'est ton fantasme, ou ton refus d'entendre. Tu as, toi-même, souligné la différence entre le souverainisme et ta position. Cela prouve bien que les 49,3 % des Français qui ont dit « non » à Maastricht n'avaient pas tous les mêmes motivations. Je le sais parfaitement mais accepte de voir, toi aussi, que ceux qui ont voté « oui » ont pu le faire avec des ambitions très différentes.

Certains pensaient, les libéraux, que le développement de la construction européenne allait mettre à bas les Etats, conduire à une privatisation des systèmes de protection sociale et faire triompher le modèle libéral américain. C'était là leur souhait. C'est pour cela qu'ils souhaitaient la victoire du « oui » mais beaucoup d'autres, infiniment plus nombreux et dont j'étais, étaient convaincus, au contraire, que l'unification monétaire allait mener, à plus ou moins court terme, à l'unification politique et que cette unification politique impliquerait forcément l'affirmation d'instances politiques européennes responsables devant les électeurs, les citoyens européens.

Nous avions parié que l'unification monétaire permettrait cette indispensable réappropriation du processus d'unification par les citoyens et la démocratie. Alors tu peux me dire que ce pari était mauvais – ce que je discuterai car je ne le pense pas, au contraire – mais tu n'as pas le droit de caricaturer cette position, de la déformer, de l'ignorer.

Et puis autre chose, de plus fondamental encore. Lorsque Mitterrand a arraché l'unification monétaire à Kohl, le Mur venait de tomber, l'Allemagne de s'unifier. La Yougoslavie allait éclater. Une multitude d'Etats acquéraient leur indépendance politique, apparaissaient ou réapparaissaient sur la carte européenne. Nous vivions un séisme qui nous faisait un devoir d'affirmer au plus vite ce pôle d'ancrage qu'était l'Union. Il n'aurait pas été possible, c'eût été souhaitable mais impossible, d'en passer d'un coup à l'unité politique. Il fallait trouver des étapes, une étape à la fois spectaculaire et porteuse d'avenir, créant la dynamique politique.

Il le fallait car... tiens! Je reprends là ton image du vélo. Là, oui, si nous n'avancions pas nous tombions car l'Allemagne se retrouvait non seulement au cœur des futures frontières de l'Union qui allait, évidemment, s'élargir aux anciennes démocraties populaires mais au cœur, également, du continent-Europe.

Tout pouvait très vite basculer. En quelques mois, nous pouvions, même sans le vouloir, en revenir aux zones d'influence et aux rivalités des puissances européennes, nous pouvions retomber dans ce XIXe qui refaisait surface. C'est ce qui a bien failli se passer en Yougoslavie. C'est ce qui s'y est passé avant que l'Union ne se ressaisisse, cimentée par Maastricht, grâce à l'euro. Alors moi qui n'ai jamais raffolé de Mitterrand, je te dis que le jour où il a convaincu Kohl d'abandonner le mark au profit de la monnaie unique, il a tout simplement été grand.

On a moqué en lui l'homme du XIXe mais notre chance a été qu'il connaisse l'Histoire – celle du XIXe et celle, aussi, de l'après-guerre car il également su voir, et faire valoir aux Allemands, que s'il y a deux nations incroyablement proches aujourd'hui dans l'Europe et le monde, par la tragique expérience de leur antagonisme passé, par leur niveau de vie et de protection sociale, par l'attachement qu'elles manifestent au rôle médiateur de l'Etat, c'est la France et l'Allemagne.

J'anticipe sur la suite de notre discussion mais regarde! L'Allemagne retrouve une politique étrangère et, jamais, nos diplomaties n'ont autant convergé – au point, presque, de n'en faire qu'une sur bien des dossiers. Et s'il s'agit de défendre la protection sociale, c'est ensemble que nous pouvons le faire.

◢ Ph.L. : Il y a plusieurs choses dans ce que tu dis là. Sur le raisonnement de Mitterrand, sur sa peur, et celle de tous les gens de sa génération, devant la renaissance d'une Allemagne unifiée, sur sa volonté de ne pas la laisser redevenir un électron libre mais de l'« arrimer » comme il le disait, je suis d'accord avec toi. Il a évidemment conçu la monnaie unique, cet acte si fondamental, comme porteuse de l'Europe politique. Oui, d'accord avec toi sur ce point mais c'est bien là le problème. C'est tout notre débat. On n'a jamais dit aux gens – l'ont-ils compris, ne l'ont-ils pas compris? – que derrière cette symbolique de la monnaie, on les tirait vers quelque chose qui allait vers l'union politique...

◣ B.G. : ... Pardon! Tu m'as écouté, je t'interromps, mais on n'a dit que cela! Il ne s'agissait que de cela et c'est pour cela que les souverainistes sont montés au créneau.

◢ Ph.L. : Non, on ne l'a pas clairement dit, pas dit comme

ça. La logique, derrière la création de cette monnaie, était l'unification politique de l'Europe. Je t'en donne acte mais est-ce qu'il faut organiser l'Europe ou est-ce qu'il faut unifier l'Europe ? Ce n'est pas la même chose, pas du tout la même, et ce débat-là a été esquivé au profit d'une volonté du fait accompli.

Alors discutons-en : est-ce qu'il faut fusionner ou est-ce qu'il faut faire cohabiter les gens, est-ce qu'il faut avoir des modèles alternatifs au sein de quelque chose de commun ou est-ce qu'il faut unifier ? Jusqu'à présent, et c'est pour ça que je continue à dire qu'il est temps de faire un bilan et de marquer une pause, on a unifié. C'était le plus facile. Supprimer les frontières, édifier des normes de fabrication, détecter les vrais-faux obstacles à la concurrence, c'était de l'action administrative. On a unifié, c'est-à-dire qu'on a passé tout le monde à la toise. Est-ce que c'est ça, faire l'Europe ? C'est unifier, loin, très loin du débat politique, et faire passer tout le monde à la toise ? Ne me réponds pas tout de suite. On poursuit demain.

▲ B.G. : « Unifier l'Europe, me demandais-tu hier, est-ce faire passer tout le monde à la toise ? » La réponse est deux fois non. Près d'un demi-siècle après le Traité de Rome, je ne crois d'abord pas que les Danois soient devenus Italiens, les Italiens des Français ou les Français des Allemands. Malgré l'Acte unique et avec la même monnaie maintenant en poche, malgré l'euro, chacun des peuples européens garde ses caractéristiques nationales, les meilleures comme les pires. Même aux Etats-Unis d'ailleurs, un Californien n'est pas un New-Yorkais. La différence se creuse au contraire et il y a un abîme entre Dallas et Boston.

Ne crains rien ! Les unifications continentales ne pasteurisent pas les peuples, elles recréent, au contraire, du local – ce qui n'est pas forcément un bien, me diras-tu, et j'en serais sans doute d'accord avec toi.

Est-ce que l'Union européenne, maintenant, est un moule politique qui va nous imposer à tous le modèle libéral, sans que nous ayons rien demandé, sans même que nous nous en apercevions ? C'est le fond de ta question et, là encore, la réponse est claire : ça ne tient qu'à nous, à toi comme à moi, à nous tous Européens. L'union politique de l'Europe n'est pas un projet politique en elle-même. Elle est un instrument permettant de réaliser une ambition politique, un dessein, un projet, peu importe le mot, et aujourd'hui, comme au moment de Maastricht, dans le débat montant sur le fédéralisme, il y a des fédéralistes dont les ambitions sont radicalement différentes.

Bien que nous la voulions tous les deux fédérale, mon Europe n'est pas celle d'Alain Madelin. On peut être fédéraliste au nom d'un projet libéral ou social-démocrate. Le Vatican l'est au nom de l'affirmation des valeurs chrétiennes dans un continent plus culturellement catholique que ne le sont les Etats-Unis. Les écologistes rêvent, évidemment, d'une Europe verte.

Cela s'appelle un échiquier politique en voie de constitution mais les fédéralistes, c'est vrai, ont un dénominateur commun qui leur permet de faire ensemble le début du chemin. Tous pensent qu'à l'heure de la réduction des distances, de l'interpénétration des défis à relever et de l'internationalisation du capital, on ne peut plus faire de grands choix politiques, décider de l'avenir, à l'échelle nationale.

Ce n'est plus là l'espace pertinent. Nous en sommes, en Europe, au temps de l'unification française, de la nécessité et des bienfaits de cette unification pourtant conduite par Louis XI. C'était un monarque, absolutiste et sans scrupules, mais ce n'est pas parce que lui, l'homme des cages, était l'artisan de cette unité, ce n'est pas parce que la politique de tel ou tel roi était, ensuite, mauvaise ou détestable, qu'il fallait dire, comme tu le fais aujourd'hui à cause de la prégnance libérale : Arrêtons! Arrêtons la France! Vite une pause! Revenons-en vite à Toulouse et à la Bourgogne, aux duchés et aux comtats!

Philippe! Nos options politiques sont proches. La différence entre nous est que tu penses que l'unification européenne les dessert quand je crois, moi, qu'elle les sert. Alors vas-y, tire le premier, mais ne tire pas sur l'Europe en croyant tirer sur le libéralisme. Ne te trompe pas d'interlocuteur : je ne suis pas libéral et tous les fédéralistes ne le sont pas.

◢ Ph.L. : Ça les sert? Eh bien, là-dessus, je voudrais faire une remarque un peu longue. Au fond, oui, c'est vrai, la question est là et je vais la préciser : est-ce que l'union de l'Europe peut servir des projets, des formes d'organisation en tout cas, dont il est vrai que nous pouvons les partager, en particulier sur la répartition des richesses, la protection sociale ou les services publics. Est-ce que l'union favoriserait ou ne favoriserait pas nos options politiques, apparemment communes ou proches? Toi tu dis : ça les favorisera. Moi je dis non pas : ça ne les favorisera pas. Je dis : je ne sais pas.

Je ne sais pas tant qu'il n'est pas clair et certain, d'abord, que ce projet-là est porté par des politiques qui vont faire cette politique. Et je dis, en second lieu, que nous avons l'expérience acquise. Nous avons l'expérience de quarante ans d'Europe, nous avons l'expérience de ce qui a été fait et de ce qui a été construit. Nous voyons l'Europe fonctionner. Nous voyons fonctionner la Commission, la Cour de justice, le Parlement, la Banque centrale européenne, nous avons un certain nombre d'éléments.

◣ B.G. : Comment peux-tu dire alors : « Arrêtons-nous » ? Au point actuel, ça ne fonctionne pas, en tout cas pas comme nous le souhaiterions, et c'est à ce stade-là que tu voudrais t'arrêter !

◢ Ph.L. : Si, ça fonctionne. Ça crache du marché tous les jours...

◣ B.G. : Ce n'est pas ce que j'appellerais « fonctionner ».

◢ Ph.L. : Justement. Arrêtons-nous pour voir, pour dire, pourquoi c'est ainsi que ça fonctionne – ou ne fonctionne pas...

◣ B.G. : ... Arrêter quoi ? Les citoyens de douze pays européens, pour la première fois dans l'Histoire, ont maintenant la même monnaie en poche. Ce n'est plus seulement une affaire de symbole. Quand on utilise la même monnaie, on appartient au même ensemble. Note que je ne dis pas encore « au même pays » ou « à la même nation ». On n'y est pas déjà, ça viendra plus tard, mais nous appartenons d'ores et déjà au même ensemble, au sein duquel les citoyens, premièrement, peuvent comparer dépenses et revenus : le prix d'une bagnole, du travail, d'une bouteille de lait, d'un journal, le prix de... tiens, le prix d'une campagne électorale.

C'est important ça, au moins autant que le prix du steak. C'est déjà le fonctionnement de la démocratie. Et au moment même où l'Europe fait un tel pas, non plus dans les institutions – mauvaises pour l'instant, tragiquement insuffisantes en tout cas –, mais aussi dans la tête des gens, dans la psychologie de ces citoyens qui te sont si chers, de ces citoyens dont nous pensons, toi et moi, qu'ils doivent prendre en main la poursuite de la grande aventure européenne, c'est à ce moment-là que tu veux arrêter ?

Ce n'est pas seulement à cette prise de conscience d'appartenance à un ensemble commun que tu donnerais alors un coup d'arrêt. C'est aussi à la dynamique démocratique que porte en elle cette monnaie unique dont j'aurais, d'ailleurs, préféré, psychologiquement parlant, qu'on la dise « commune »...

◢ **Ph.L. :** ... Ce n'est pas la même chose. Dans « commun », il y a « ensemble » ; dans « unique », il y a « uniformité »...

◣ **B.G. :** ... Tu voudrais donc arrêter la dynamique politique commune que porte en elle cette monnaie qui va conduire, obliger, nos gouvernements, nos ministres des Finances et nos Premiers ministres, à réfléchir ensemble, à jeter ensemble les bases de politiques économiques communes et à susciter, par là, le débat européen sur ces choix communs, ce débat dont tu voudrais tant qu'il s'ouvre! Tu voudrais, toi, arrêter, stopper cette évolution si nécessaire, tellement favorable?

◢ Ph.L. : L'«évolution tellement favorable», la «dynamique de l'euro»... Il y a beaucoup de mots, beaucoup d'espérance et beaucoup de rêve dans ces formules. Quand je dis «arrêter», je dis arrêter d'avancer à l'aveuglette. Je ne dis pas casser l'Europe. L'euro est un excellent exemple de la manière dont se construit l'Europe. Comme on l'avait fait pour l'union monétaire, on a parié sur l'irréversible. On a construit une maison en faisant d'abord le toit. On a décidé de faire l'euro, une monnaie unique qui va être dans les mains de nos concitoyens, qui y est déjà, et on a dit, comme à l'ordinaire : la politique suivra – c'est-à-dire qu'on s'arrangera pour qu'elle le fasse.

◣ B.G. : Elle va suivre.

◢ Ph.L. : Elle va suivre!... C'est extraordinaire de t'entendre dire, dans une affaire aussi importante, qu'on fait d'abord la monnaie et qu'après on réfléchit à la politique. Cela dit, au-delà même de cette irréversibilité voulue, il faut bien voir que la création de cette monnaie unique n'a pas été neutre en termes de politique économique. Il faut se souvenir que l'euro a été voulu par la France et construit par la Banque fédérale d'Allemagne. Les Français l'ont voulu pour les raisons que nous avons évoquées et tout le système a été bâti par M. Pöhl, qui était un très grand président social-démocrate de la Bundesbank. C'est donc l'Allemagne qui a fait, refaçonné, l'outil qu'on lui arrachait.

On les comprend, les Allemands, puisqu'ils faisaient là, de leur point de vue – et je pense que c'est vrai –, un abandon de souveraineté important, autant que nous, et même plus encore compte tenu de leur réflexe monétaire. Donc c'est eux qui ont construit le système. Et on est arrivé à un système fondé sur deux piliers qui méritent qu'on s'y arrête.

Le premier, c'est la Banque centrale européenne indépendante. Je trouve ce concept totalement abscons. Je sais bien que l'indépendance des banques centrales est un Graal, une icône, qu'il ne faut pas toucher. Les banques centrales européennes doivent être indépendantes. Indépendantes, mais de qui? Indépendantes des marchés financiers, indépendantes des investisseurs? Non! pas du tout, au contraire! Indépendantes des politiques parce qu'on sait bien, n'est-ce pas, que les politiques sont beaucoup plus bêtes, plus méchants et idiots, que les investisseurs ou les marchés. Donc, banques centrales indépendantes.

Deuxième pilier, la mission de la Banque centrale : préserver la stabilité interne et externe de la monnaie. Surveiller, préserver la monnaie, voilà la mission de la Banque centrale européenne...

▲ B.G. : C'est le rôle de toutes les banques centrales...

▲ Ph.L. : Faux! La Réserve fédérale américaine a des missions plus larges que cela. Elle doit se préoccuper de la croissance. Elle doit observer la tenue de l'économie. Bref, elle est acteur de la politique économique globale. D'ailleurs la manière dont la Fed gère ses taux, la souplesse qu'elle y met – et qu'utilise son président Alan Greenspan qui, à défaut d'être un génie, n'a pas de dogmatismes excessifs – prouve bien que sa seule mission n'est pas la tenue interne et externe de la monnaie. Elle s'en fout de cela, la Fed. Elle fait au mieux de l'intérêt des Etats-Unis.

Les Américains ont, eux, pour la tenue du dollar une négligence affichée qui devrait être une référence pour ces coincés de la BCE. Ensuite, les Allemands ont ajouté à la création de la monnaie unique le fameux « Pacte de stabilité ». Ça, c'est fort!

Tu disais que l'Europe n'a pas de politique économique. Lis ce fameux Pacte! 1) L'inflation ne doit pas dépasser tel seuil. 2) L'endettement ne doit pas dépasser tel pourcentage du PIB. 3) Le déficit budgétaire ne doit pas dépasser tel seuil du PIB. Si on ne respecte pas ces critères, alors on est puni, comme un mauvais élève. Ce Pacte, c'est déjà les grandes lignes d'une politique macro-économique. Dès lors pourquoi installer, face à ces Tables de la Loi, un gouvernement économique? A quoi cela servirait-il, puisqu'il y a le Pacte de stabilité? De plus il n'est pas neutre, ce Pacte. Il est économiquement orthodoxe et ne laisse, théoriquement, aucune marge de manœuvre aux politiques.

Résumons : d'un côté, le marché et la concurrence; de l'autre, l'orthodoxie macro-économique la plus niaise. La politique va avoir du mal à se frayer un chemin là-dedans, sauf à casser la prison.

▲ B.G. : Pourquoi en a-t-il été ainsi? Pour deux raisons. La première est que les Allemands craignaient comme la peste que le supposé laxisme économique des pays latins ne gangrène leur stabilité monétaire. Ils ont donc voulu fixer, dans la loi commune, les règles de rigueur qu'ils s'imposaient depuis la naissance de la République fédérale. Les Allemands, c'est vrai, ont imposé leurs Dix Commandements, comme des garde-fous et en les renforçant même.

La seconde raison est qu'au moment où l'Europe monétaire a été lancée, au début des années quatre-vingt-dix, l'idéologie libérale triomphait partout, jusqu'en Russie. Le libéralisme est ennemi des déficits budgétaires et de l'inflation; le libéralisme, pardon, de te le rappeler, n'est pas keynésien...

▲ Ph.L. : ... Le monétarisme n'est pas keynésien mais Reagan, lui, le fut, keynésien...

▲ B.G. : ... Tu m'enlèves les mots de la bouche. Ces deux

40

réalités ont, donc, présidé à la naissance de la monnaie européenne, ont amené à fixer ces Lois, mais que va-t-il se passer, en fait? Dans la pratique, il se passera ce qui s'est passé sous Reagan aux Etats-Unis : on s'adaptera aux nécessités, du mieux que l'on pourra, un œil sur les Commandements, l'autre sur les réalités de la vie ; l'un sur les principes, l'autre sur les arrangements qu'ils demandent.

Au lendemain même des attentats du 11 septembre, on a vu les Etats-Unis, une Amérique présidée par un républicain dur, enfant, à tous les sens du terme, du libéralisme triomphant de l'ère Reagan, on a vu ce président et son équipe voler au secours de compagnies aériennes privées au nom d'un bien commun supérieur, amorcer une relance avec injection de fonds publics dans l'économie, s'asseoir sur les principes, et heureusement, au nom de la réalité.

Tant mieux! Heureusement pour eux, mais s'ils ont su avoir cette intelligence, pourquoi ne le pourrions-nous pas aussi? Nous ne sommes pas plus bêtes qu'eux. Aucun Pacte n'empêchera des dirigeants politiques européens de prendre des décisions que les réalités imposeraient. Dès lors qu'il y aura, face à la Banque centrale européenne, un gouvernement politique de l'Europe, on verra réapparaître, comme dans ce moment de crise aux Etats-Unis, le pragmatisme, le réalisme politique et les marges de manœuvres.

Avant même les attentats de New York, au moment où montaient les signes avant-coureurs de la crise, on entendait déjà beaucoup de voix européennes, y compris en Allemagne, crier gare et prêcher la « souplesse ». On aura, dans l'Europe monétaire, des règles qui en elles-mêmes ne sont pas mauvaises – c'est vrai qu'il vaut mieux ne pas avoir d'inflation, qu'il vaut mieux ne pas avoir de déficit budgétaire – tout le monde est d'accord là-dessus mais...

▲ Ph.L. : ... Non ! Toi, tu es d'accord là-dessus. Moi, je m'interroge.

◣ B.G. : L'inflation et le déficit budgétaire peuvent être utiles mais seulement quand ils sont voulus et non pas subis. Il est bien qu'il y ait des règles. Il est mieux encore qu'on puisse les transgresser si le besoin s'en impose et c'est ce qui se passera – pourvu qu'il y ait un pouvoir politique, que tu veuilles bien qu'il y en ait un, pour primer sur la Banque centrale.

▲ Ph.L. : Ta réponse me réjouit d'une certaine manière. Elle me coupe un peu l'herbe sous le pied, mais c'est normal, parce que tout le monde a bien observé l'éclatement de toutes ces bêtises d'orthodoxie dès lors qu'il y avait le feu à la maison. Tout le monde l'a vu. Mais ça veut dire simplement que, quand on a fait l'euro, une fois encore, les responsabilités ont été mal réparties. La Banque centrale européenne n'a pas à déterminer les politiques économiques. Ceux qui doivent déterminer les politiques économiques, ce sont les élus du peuple...

◣ B.G. : ... Donc il en faut, de vrais élus européens, constituant une vraie représentation parlementaire de l'Europe fédérale...

◤ Ph.L. : ... Ils existent ou, du moins, devraient exercer leurs prérogatives. Résultat ? On ne le voit pas le résultat. On le voit si peu qu'il est arrivé à Valéry Giscard d'Estaing de répliquer à M. Trichet qui dissertait sur la politique économique : « Monsieur le gouverneur, occupez-vous de vos affaires. La politique économique, c'est l'affaire des élus du peuple. » Comme il avait raison ! Et puis, bon... Laissons le passé.

Parlons d'avenir et, là, je vais aller dans ton sens : ce pacte de stabilité, ou bien on le conserve, et il faut changer, élargir, son contenu en y ajoutant d'autres critères pour l'Europe, un taux de chômage sur lequel on se mette d'accord, et un taux de redistribution sur lequel on soit d'accord ; ou bien on le fait disparaître. Je veux dire par là qu'on ne fait pas la monnaie unique pour découvrir, au moment où elle est dans la poche des gens, qu'on n'a pas la même fiscalité, qu'on n'a pas le même type de prélèvements sociaux, et que nous ne sommes pas non plus totalement d'accord sur une éventuelle harmonisation ; que nous n'avons pas le même type de retraite ; que nous n'avons même pas le même processus d'élaboration des budgets.

Bref, nous découvrons que nous avons une monnaie unique, mais que nous n'avons aucune base de politique économique commune. Et la politique économique – accrochée à la politique sociale parce que l'une ne peut pas aller sans l'autre – c'est quand même ça qui fonde un projet européen. Le fait qu'on découvre ça après avoir fait la monnaie démontre bien, une fois encore, que c'est l'échelle de perroquet qui a marché : on fait la monnaie, le reste suivra.

Et, pour le moment, ça suit en clopinant, c'est tout ce que je peux dire.

J'ajoute que nous avons réussi à créer une monnaie unique avec, au milieu de l'Europe, un pays – le Luxembourg – dont les pratiques financières... on va être poli, se situent à mi-chemin de Monaco et des paradis tropicaux, le soleil en moins. Une fois encore, n'a-t-on pas voulu aller trop vite, comme toujours ? Ne valait-il pas mieux passer par la monnaie commune extérieure, la politique commerciale commune extérieure, avant de bâtir la monnaie unique qui est le toit, l'aboutissement d'une maison, et pas ce par quoi l'on commence ?

Dernière remarque : l'un des avantages de la monnaie unique est sans doute que nous aurions eu une tempête monétaire, en tout cas des soubresauts plus forts, à la suite des attentats du 11 septembre. La chose n'est pas contestable mais, pour autant, et contrairement à ce que titrait un grand journal du soir le jour de la création de l'euro (« L'euro se pose en rival du dollar »), l'euro ne se pose pas en rival du billet vert. Les banques centrales, en particulier, n'ont pas fait ce qu'on pensait qu'elles feraient, arbitrer une partie de leurs réserves en dollars pour des réserves en euros. C'est peut-être trop tôt mais je le constate.

▲ B.G. : Ce n'est pas encore fait mais serait-ce une raison de s'arrêter? Non, c'est une raison de le faire, donc d'avancer. Deuxièmement, tu as raison : on a commencé par la toiture. C'est un fait, une réalité que je déplore autant que toi, mais ça s'est fait ainsi. Alors que faire aujourd'hui? Dire qu'on abat le toit pour tout reprendre à l'endroit, dans l'orthodoxie architecturale? Allons! Nous avons une toiture, des pans de mur et même des fondations. Il s'agit maintenant de mettre l'électricité, le chauffage, le téléphone, de peindre et décorer la maison aux couleurs de la démocratie.

Faisons-le plutôt que de vouloir attendre et encore attendre. Attendre quoi? Que l'Europe parfaite descende du ciel? Elle n'en descendra pas. C'est à toi, à moi, aux citoyens européens de la construire.

◢ Ph.L. : Minute! Une minute car, en débattant de l'euro, nous avons amorcé ce bilan auquel je tiens. Bilan n'est d'ailleurs pas le bon mot. Ce qui m'intéresse, c'est d'essayer d'expliquer comment on est arrivé là, à cette Europe du marché et de la concurrence, à cette Europe du consommateur. La lecture d'un livre m'a énormément aidé dans cette démarche. Je veux parler du *Malentendu européen*, d'André Gauron, qui fut conseiller de Bérégovoy et reste un européen convaincu mais ô combien critique! Il démonte en particulier, avec une précision d'orfèvre, la mécanique économico-juridique qui a amené l'Europe à être ce machin que je rejette. Dans mon propos il trouvera bon nombre de ses idées. Qu'il en soit remercié et plus lu qu'il ne le fut, tant fut assourdissant le silence qui accueillit son ouvrage.

Revenons à l'origine des choses, au Traité de Rome. Traité de Rome : quatre libertés fondamentales. C'est assez intéressant de lire ce que sont ces quatre libertés du Traité : libre circulation des marchandises, des services, des capitaux, des travailleurs. La question qu'on se pose est : est-ce que ce sont les seules quatre libertés fondamentales? Ce sont des libertés, sans doute. Sont-ce les seules? Est-ce que ces libertés les contiennent toutes? Moi je ne le pense pas mais il y a une chose très importante. C'est que, sur ces quatre libertés, trois sont des libertés économiques...

▲ B.G. : ... La quatrième aussi. La liberté de circulation des travailleurs est une liberté de s'installer et d'entreprendre.

▲ Ph.L. : En effet. Nous sommes, donc, dans l'économie dès le début. Ces quatre libertés sont économiques et ce n'est pas le hasard : Monnet, l'instigateur français du Traité, est un libéral, il ne l'a jamais caché. Dès le début, il est bien clair que ça va être l'économie qui sera le socle sur lequel on va bâtir un projet politique, sans le dire – ou en le disant, mais sans l'affirmer. A la vérité, dès le début, à mon avis, l'ambiguïté commence. Dès le début, chacun sait bien qu'on va mettre en place un mécanisme économique dont on pense – et on n'a peut-être pas tort d'ailleurs de le penser – qu'il va permettre, par la suppression des frontières, un développement harmonieux de l'économie européenne.

On pense que le commerce va permettre d'éviter les guerres. C'est le « doux commerce » de Montesquieu mais, à l'évidence, c'est à peu près certain pour tous ceux qui portent le Traité sur les fonts baptismaux, on va monter quelque chose qui est politique, à partir de l'économie. D'une certaine manière, quand tu dis, toi, que c'était évidemment le fédéralisme, je pense que dès cette époque-là certains devaient y penser, sans le dire alors.

▲ B.G. : Tu te trompes. C'était dit, c'était absolument affiché. Ces gens-là, les « pères fondateurs », disaient : « puisqu'on ne peut pas passer directement au politique, passons par l'étape de l'économie afin d'arriver au fédéralisme ». Il n'y a jamais eu d'objectif caché et il y avait des voies définies pour parvenir à cet objectif affiché.

▲ Ph.L. : Non. Que cet objectif ait été au cœur des convictions de certains est évident. Mais il n'a jamais été couché sur le papier que l'on devait en arriver à une Europe fédérale. Cela n'a jamais été dit, puisqu'on a avancé par étapes et par traités. Il n'est pas neutre qu'on ait commencé de cette manière. On l'a fait pour des tas de raisons, dont la première est que les abandons de souveraineté étaient initialement mineurs et que l'économie n'occupait pas, à l'époque, la place qu'elle occupe aujourd'hui dans le débat politique.

On était dix ans après la guerre. De vrais abandons de souveraineté n'auraient, alors, pas été acceptés. L'économie va donc être dominante. Et les politiques acceptent. Dès le début, alors qu'on ne parle pas encore de la domination de la pensée libérale et que l'Europe est économiquement plutôt dans un modèle rhénan, en tout cas très régulé, avec forte intervention de l'Etat, c'est l'économie qui sera à la base de la construction européenne. C'est à la fois efficace et adroit.

Efficace parce que les techniciens savent faire. Adroit parce que la machine va avancer loin du regard des citoyens. L'économie ne parle pas aux citoyens moyens, c'est quelque chose qu'ils vivent. Pour eux, l'économie c'est lointain, un peu compliqué. En leur parlant d'économie, on leur parle moins de politique. C'est peut-être la raison pour laquelle, pendant des années, tu l'as dit hier, on ne s'intéresse, au fond, pas beaucoup à l'Europe.

Le tournant considérable dans cette aventure européenne, c'est le Marché unique. Le Marché unique, il faut se rappeler que c'est l'arrivée de Delors à la Commission en 85. Et que va dire Delors en 85 ? Il dit : « Eh bien, je vais mettre en œuvre les traités. Le Marché unique est dans les traités, je vais donc créer un grand Marché unique intérieur. » Delors est un social-démocrate ou un chrétien social, peu importe l'appellation : c'est un européen.

Il a une conscience sociale, à l'évidence, mais il est également européen passionné, un militant, comme toi. Il sait bien qu'avec le Marché unique, puis l'Union monétaire, il y a l'union politique derrière. Donc, en appliquant les traités, ce qui est son rôle, il poursuit un but qui est là encore un but politique...

▲ B.G. : ... But économique à court terme et politique à long terme.

◢ Ph.L. : Certes, mais ce but économique n'est pas politiquement neutre dans sa mise en œuvre. L'Acte unique c'est la marche forcée vers la dérégulation, la remise en cause du service public et de la protection sociale collective, le recul de l'Etat. Ça va être cela, le Marché unique, avec en plus l'arrivée de la concurrence, massivement, dans la construction européenne. Et, ce qui est très curieux, c'est qu'une alliance bizarre se noue à ce moment-là, il faut s'en souvenir : son premier soutien, c'est Margaret Thatcher.

Mme Thatcher comprend très bien qu'à travers l'Acte unique, c'est le recul de l'Etat et la dérégulation qui triomphent. Mais elle est, elle, évidemment, contre tout fédéralisme. Donc se fait là un curieux marché de dupes qui fait que, d'une certaine manière, Delors obtient à un moment de Thatcher la capacité d'aller plus loin dans l'Union monétaire – alors que les Anglais savent déjà qu'ils n'y participeront pas.

Thatcher adhère complètement à l'Acte unique et au Marché unique car elle obtient, là, ce qu'elle veut, cette grande zone de libre-échange balayée par la tempête libérale. Ce qui est obtenu dans les faits est un formidable mouvement de dérégulation en Europe, au moment même où la dérégulation est mondiale. C'est-à-dire que, loin d'être ce dont on parlait – une protection contre un mécanisme qui se mettait en place –, ce coup d'accélérateur donné par Delors va accélérer l'alignement de l'Europe sur le système dominant.

▲ B.G. : Tu me poses problème, le même problème depuis le début et à chaque étape de notre discussion. Nous sommes à peu près d'accord sur les faits, très largement d'accord sur les critiques à faire mais en complet désaccord à la fois sur ce qu'il faut faire maintenant et sur l'analyse et les raisons de ce qui s'est passé. Alors on reprend tout – demain si tu veux bien.

▲ B.G. : Pourquoi a-t-on fondé l'unification européenne sur l'économie et non pas sur la politique? Pourquoi n'a-t-on pas, d'emblée, institué une démocratie européenne, un gouvernement et un Parlement représentatifs, plutôt que cette usine à gaz bruxelloise dans laquelle aucun citoyen ne peut se reconnaître? Pour toi, c'est le péché originel de l'Europe qui exige maintenant une rupture, ta «pause», et une refondation.

Je dirais, moi, que c'est la faiblesse originelle de l'Europe, celle à laquelle il faut remédier d'urgence en allant de l'avant et non pas en arrêtant tout, mais que cette faiblesse, c'est malheureusement nous, les citoyens, les citoyens français pour être précis, qui en sommes responsables. L'Europe a été à deux doigts de se construire sur la politique, de s'unir dans la démocratie, mais c'est nous, Français, qui l'avons refusé – déjà «la souveraineté».

C'était au début des années cinquante. La rupture venait de se faire entre les anciens alliés de la Deuxième Guerre mondiale. Les deux blocs, soviétique et démocratique, venaient de se mettre en place et, dans ce contexte, les partisans français de l'unification européenne – c'était alors une affaire française, nous sommes les pères de l'Europe – ont proposé la création d'une Communauté européenne de défense, la CED, qui aurait uni les armées européennes sous commandement commun.

Mais attention ! C'étaient des démocrates. Dans leur esprit, cela ne pouvait pas se faire hors d'une « Communauté européenne » tout court, ni économique ni de défense, qu'ils n'imaginaient pas autrement que dotée d'un Parlement bicaméral, d'un gouvernement de type fédéral, le « Conseil exécutif » et d'un Conseil des ministres représentant les Etats. Un projet de Constitution – on ferait d'ailleurs bien de s'en inspirer aujourd'hui – avait été élaboré et les citoyens de cette Communauté qui n'était pas « économique » mais politique devaient voter au suffrage universel direct, au suffrage européen.

Tout était en place. L'affaire roulait. Les parlementaires français avaient approuvé ce projet, ils l'avaient fait dans ses principes, mais, au moment de la décision, les majorités n'étaient plus les mêmes à l'Assemblée nationale et ce sont nos députés qui ont tué la Communauté européenne dans l'œuf en enterrant la CED le 30 août 1954.

◢ Ph.L. : Il ne faut pas oublier que cette Communauté de défense qu'il s'agissait de créer à l'époque comportait un réarmement de l'Allemagne et une alliance avec l'Otan. Nous étions en plein dans une guerre froide qui pouvait devenir chaude. Qu'il y ait eu débat est plutôt à l'honneur des parlementaires français.

B.G. : Le débat s'imposait, naturellement, mais sa conclusion, le rejet de la CED, son torpillage par les gaullistes et les communistes, n'est pas à l'honneur de la France...

Ph.L. : ... Les députés n'ont rien « torpillé ». Ils ont rejeté un projet. Des députés élus au suffrage universel ont rejeté ce projet, démocratiquement, au vu et au su de tout le monde, dans un vote.

B.G. : C'était leur droit. Ils l'ont exercé en conscience mais ils ont commis, là, une terrible erreur. S'ils n'avaient pas refusé la CED, la construction européenne n'aurait pas commencé par la bande, par la bande économique. Nous aurions, dès cette époque-là, construit un ensemble politique démocratique − ce qui aurait été bien plus logique et plus sain, je le pense comme toi, mais la démocratie a tranché.

Mieux vaut, bien sûr, une démocratie qui se trompe qu'une dictature qui a raison mais l'unification politique, la naissance de l'Europe dans la clarté démocratique, c'est le pouvoir du peuple, du peuple français en l'occurrence, qui les a refusées. Ce n'est pas un complot libéral qui en est la cause. C'est le fruit d'un vote, et toi, quatre décennies plus tard, toi et toute l'armée des europhobes, eurosceptiques et autres eurodéfiants, vous ne pouvez pas éternellement continuer à dénoncer l'absence, la faiblesse, de la démocratie européenne et continuer, dans le même temps, avec quelle passion, avec quelle violence, avec quelle colère, à refuser qu'on en passe, enfin, à l'Europe politique.

▲ Ph.L. : Dont acte, mais...

◣ B.G. : ... Comment « dont acte »! Je te dis qu'on ne peut pas éternellement perpétuer la même erreur et...

▲ Ph.L. : ... Et je t'arrête pour deux raisons. La première, c'est que je ne refuse pas la construction politique de l'Europe. Le fédéralisme me laisse très profondément sceptique, profondément interrogatif. Je ne sais pas ce que c'est ou je l'imagine mal, mais je ne suis pas contre l'organisation politique de l'Europe. Etre contre le fédéralisme, ce n'est pas être contre l'organisation politique de l'Europe. Deuxième remarque. Tout ce que tu viens de dire est vrai, factuellement vrai. Le fait est que, voyant l'horizon de la construction politique européenne politiquement bouché par un vote du Parlement, on prend une voie détournée pour faire la même chose. Drôle de méthode...

◣ B.G. : D'autant plus « drôle », en effet, que ce sont les mêmes, Philippe, la même Assemblée, qui ont refusé la Communauté européenne en 1954 et qui ont accepté, ensuite, avec le Traité de Rome, de prendre la voie détournée – les mêmes, pas des forces occultes.

▲ Ph.L. : Pas les mêmes : une fraction d'entre eux. Commencer par la défense pour construire l'Europe n'était pas une décision neutre, si j'ose m'exprimer ainsi.

◣ B.G. : Mais tu déplores le vote de 1954 ? Que la CED ne se soit pas faite ?

▲ Ph.L. : Je ne sais pas ce qu'elle aurait donné. Je ne sais pas quelles auraient été les réactions. Donc je constate qu'elle ne s'est pas faite, je ne déplore pas.

◣ B.G. : Eh bien, moi, je le déplore, parce qu'elle aurait débouché sur la création d'une entité politique européenne, d'une démocratie européenne.

▲ Ph.L. : Je ne suis pas convaincu que les choses auraient été aussi simples et aussi démocratiques.

◣ B.G. : Que veux-tu dire ? Pas si simples, certainement pas, mais pas démocratiques ? Pourquoi ? Dans les années cinquante, la démocratie régnait dans les pays d'Europe de l'Ouest.

▲ Ph.L. : Bien sûr, mais tu ne peux quand même pas oublier que cette Europe-là, pour le coup, eût été vraiment très dépendante des Etats-Unis. Remarque, en fait d'indépendance... Quand on voit où elle en est aujourd'hui... Quoi qu'il en soit, nous ne referons pas l'Histoire.

Le fait est qu'une tentative d'union européenne s'est déroulée autour de la CED. L'idée n'était peut-être pas la meilleure mais le fait est qu'elle a été défendue et repoussée. La conséquence en est que l'économie a été la pierre de touche de la construction européenne. C'est ça l'important et, au fond, ce n'était peut-être pas un péché originel. Cela aurait pu ne pas l'être.

Après tout, le modèle économique européen a donné naissance aux « Trente Glorieuses » qui n'étaient peut-être pas si glorieuses que ça, mais qui ont au moins permis la croissance et une certaine cohésion sociale. L'émergence des classes moyennes date de cette époque. La question qui se pose aujourd'hui, celle qui vaut maintenant, est, donc, de savoir ce qu'a été la responsabilité de la construction européenne dans le fait qu'on soit passé de cet économisme tempéré à l'économisme débridé que nous vivons désormais. Quelle est sa responsabilité dans cette évolution ?

C'est, avant tout, celle des ambiguïtés du Traité de Rome qui ont laissé la porte ouverte à de telles dérives. Je prends un exemple, celui des services publics, qui permettent à chacun d'accéder aux mêmes prestations, dans les mêmes conditions, grâce à un système de péréquation. Pour remplir cette mission, ils pouvaient échapper à une application stricte de la concurrence et même, dans certains cas, aller jusqu'au monopole public. C'était la situation avant le Traité de Rome.

Depuis, les services publics ont été soumis à la concurrence à la seule condition que sa mise en œuvre ne fasse pas échec à l'accomplissement de leur mission. Ce n'est apparemment qu'une inversion mais elle est décisive. Dans le premier cas, la mission prime sur la concurrence ; dans le second, la concurrence prime sur la mission.

Pendant des lustres il ne s'est rien passé. Puis sont arrivés l'Acte unique et la priorité absolue donnée à la concurrence et à la libre circulation. La chasse aux services publics a été ouverte. Elle continue. Ce qui me choque, dans cette histoire, c'est qu'aucune étude portant sur l'efficacité globale du système n'ait été faite. Tout s'est passé comme s'il allait de soi que le service public était par nature obsolète, inefficace.

Personne n'a démontré que ces missions de service étaient mieux assurées quand elles se réduisent à la seule clientèle des pauvres et des clochards — ce que propose le « service d'intérêt économique général » que la Commission veut leur substituer —, plutôt que lorsque la péréquation assure l'équilibre de l'ensemble. Au fond, la supériorité de la dérégulation, pour l'ensemble des citoyens, pas pour les entreprises qui vont s'y nicher, n'a jamais été prouvée.

Ça n'a pas dû t'échapper, mais dernièrement il y a eu un gag. Tous les petits marquis du marché plaident urbi et orbi pour l'ouverture du capital d'EDF en affirmant que, faute d'une telle ouverture, EDF ne pourrait pas passer d'accord avec des groupes étrangers privés. Or il y a quelques mois on a appris qu'EDF s'était allié à Agnelli (qui, comme privé, se pose un peu là!) pour racheter l'entreprise italienne Montedison! Les petits marquis en sont restés muets. Ça repose.

Revenons, donc, au Traité de Rome et à sa lecture. Dans le Traité, la nature des détenteurs du capital d'une société est réputée neutre. Je veux dire par là qu'il n'y a pas de différence de traitement entre une entreprise détenue par des capitaux publics ou par des capitaux privés. Neutralité donc. A cela près qu'après l'adoption de l'Acte unique, la Commission a décrété que tout apport en capital par un Etat à une entreprise publique serait considéré comme une subvention et qu'il lui fallait, donc, être privatisée. Malin. Ou bien l'entreprise crève faute de capital, ou bien elle s'offre au marché!

C'est ça, la construction européenne depuis l'Acte unique. Je t'ai dit tout à l'heure ce que je devais à André Gauron, alors je vais le citer. Tu me permets de lire : « La concurrence est au Traité de Rome ce que la lumière est à la Bible. Elle est le fer de lance d'un projet politique de déstructuration-réorganisation des sociétés européennes. Quant au Marché unique, il est l'affirmation d'une idéologie. Sa pertinence tient tout entière dans le postulat libéral de la supériorité du marché concurrentiel : il est la meilleure organisation possible. L'Europe est une machine à créer de la concurrence dont on attend le bien-être, le bonheur. »

Ce constat, j'y adhère totalement. Je n'oublie pas non plus les étranges débats qui se déroulèrent au moment de la crise de la vache folle et qui opposèrent ceux qui, au nom du respect des traités et de la libre circulation des marchandises, étaient prêts à condamner les embargos décidés par certains Etats au nom de la santé publique. Les européistes ne se sont pas étendus sur le sujet. Je les comprends. Je souris toujours quand je vois les Verts manifester contre le transport des déchets nucléaires, alors que ces mêmes déchets ont été qualifiés de « marchandises », c'est-à-dire devant circuler, dans cette même Europe à laquelle ils sont tant attachés.

Voilà l'Europe que nous avons construite, grâce à l'activisme de la Commission européenne appuyée par la Cour de justice, grâce à la passivité benoîte ou complice des Etats. Voilà l'Europe dont je ne veux pas.

▲ B.G. : Considérable progrès! Nous avançons. Tu ne dis plus « on », tu dis aujourd'hui « nous », nous les électeurs, nous les partis politiques auxquels nous appartenons ou que nous soutenons par nos votes, les syndicats ou associations avec lesquels nous sympathisons – « nous », les citoyens des différents pays constituant l'Europe.

Encore une fois, il s'est trouvé une majorité pour vouloir ou accepter cela. Peut-être l'avons-nous voulu sans nous en rendre compte, par bêtise, en n'en comprenant pas les enjeux. C'est probable. J'en suis d'accord, mais le fait est que cette bêtise, nous l'avons faite. Après avoir refusé de commencer par la politique, nous avons accepté que l'économie soit déconnectée du social et de la politique. Et au nom de quoi, à chaque fois? Au nom de la défense de la « souveraineté nationale » puisqu'il ne fallait pas, Raison d'Etat, que l'Europe touche à la politique.

◢ Ph.L. : Non !

◣ B.G. : Mais bien sûr que si ! Nous avons, dès le départ, refusé l'unification, le fédéralisme, en disant qu'il fallait préserver l'autonomie politique, la souveraineté politique, des Etats-nations. L'économie, d'accord ! Mais la politique, non ! Jamais ! La Communauté économique, celle du Traité de Rome et de l'Acte unique auxquels je pourrais à peu près faire les mêmes critiques que toi, ça, oui d'accord ! Mais la Communauté politique, celle dans laquelle tous ces enjeux politiques et sociaux des décisions économiques auraient été démocratiquement débattus, alors, là, stop ! Touche pas à ma souveraineté !

Nos Parlements, nos députés, les gens que nous avons élus, ont commis une erreur historique, grosse comme un continent, nous l'avons commise à travers eux, ils l'ont largement faite sous notre pression, sentant le vent. C'est fait, n'en parlons plus, mais ce qui me navre, ce que je n'arrive pas à comprendre, c'est que cette erreur tu persévères dedans, quarante ans après.

Au moment où l'on te dit qu'il faut en finir, oui, avec cette déconnexion de l'économie et de la politique, qu'il faut créer une démocratie européenne, débattre de ses formes, fédération, confédération, tout ce qu'on veut, toutes les suggestions seront bonnes, mais le faire, alors, à ce moment-là, tu dis : « arrêtons, freinons ». Tu te caches sous la table. Cachez ce fédéralisme... Je ne comprends pas.

Et puis l'Acte unique, oui, d'accord, il a tous les défauts de la terre ou, plus exactement, toutes les insuffisances possibles, mais il a eu l'énorme avantage de porter la monnaie unique, de faire assez avancer les choses pour que s'ouvre enfin le débat sur la politique et le fédéralisme – non pas seulement entre nous mais partout. Tu verras. Cela devient *le* débat. Ce n'est qu'un début, comme l'avaient d'ailleurs souhaité Mitterrand, Kohl et Delors qui a eu cent fois raison, lui, l'ancien syndicaliste, le chrétien social, le social-démocrate, de se faire l'instrument, l'élément moteur, l'inventeur, de l'Acte unique.

◢ Ph.L. : Oui, il a été l'élément moteur... avec les Anglais, c'est-à-dire, à l'époque, avec Margaret Thatcher qui ne voulait que d'une Europe-marché, d'une grande zone de libre-échange. Elle y a trouvé son compte.

◣ B.G. : Comme c'est facile ! A qui feras-tu croire que tu ne sais pas ce qu'est un rapport de force ? Delors n'était pas Dieu. Il était président de la Commission. Il ne la présidait pas seul, sur son nuage. Il y avait des Etats membres, leurs dirigeants, leurs politiques. Rien ne pouvait se faire sans compromis. C'était, c'est toujours car il n'y a toujours pas d'exécutif européen issu d'une majorité électorale européenne, avec un mandat politique clair, c'était donc, pour Delors, Mitterrand et Kohl, du donnant-donnant.

Ils introduisaient la dynamique fédérale sur laquelle ils avaient raison de tabler. Margaret Thatcher avait en main son grand marché. Elle se moquait de l'utopisme politique des autres sur lequel elle n'aurait pas parié un penny. Tous, et non pas elle seule, y trouvaient leur compte et c'est elle qui a perdu aujourd'hui. Sur la défense, la monnaie, la politique étrangère, l'Europe a fait depuis des pas géants que ne cesse de dénoncer Mme Thatcher. Une question encore : crois-tu vraiment que seuls, en ordre dispersé, les Etats européens auraient mieux résisté à la vague libérale des années quatre-vingt? Je crois, moi, que c'eût été pire, que la dérégulation, le dumping social et fiscal, auraient été infiniment plus sauvages encore.

◢ Ph.L. : Arrêtons-nous une minute. Tu dis : il n'y aurait pas eu l'Europe, on aurait eu encore plus de dérégulation. Ce n'est pas vrai, ce n'est pas certain en tout cas. Je peux te dire le contraire. Rappelle-toi l'exemple d'EDF, et le discours tenu par les partisans de la modernité, de la dérégulation, et autres libéraux...

◣ B.G. : Les libéraux, pas les européens!

◢ Ph.L. : Disons que la voix des seconds a été couverte par celle des premiers. En tout cas ça a fonctionné dans les télécoms et dans bien d'autres secteurs.

◣ B.G. : Peut-être. Mais la question n'est pas là. Polémique contre le libéralisme, pas contre la construction européenne.

◢ Ph.L. : Les libéraux, en l'occurrence, savent se servir de l'argument européen pour passer.

◣ B.G. : Et moi qui suis en face de toi, je me sers de l'Europe pour combattre l'uniformisation libérale. Et je ne suis heureusement pas le seul, loin de là.

◢ Ph.L. : Ben voyons, Bernard ! Je veux bien que tu sois de mauvaise foi mais, là, tu l'es.

◣ B.G. : Pas du tout.

◢ Ph.L. : C'est bien au nom de l'Europe, au nom des traités, au nom de la dérégulation qu'on nous demande d'ouvrir le capital d'EDF. Et ils nous disent ça au nom de l'Europe. L'Europe en l'occurrence les sert.

◣ B.G. : Bon. Parlons des années quatre-vingt. Ce fut la décennie de la chute communiste et d'une nouvelle impulsion de la construction européenne. Ce fut celle, aussi, du triomphe libéral qui allait bientôt devenir l'idéologie dominante d'une époque. Exactement comme dans l'après-guerre, tout le monde, droite et gauche, menait des politiques d'inspiration sociale-démocrate, tout le monde, dans les années quatre-vingt, a basculé vers le libéralisme. Pourquoi? Sur quelle base, ce nouveau consensus a-t-il émergé? Principalement sur l'implosion du système soviétique.

Triste à dire mais le fait est que l'existence de l'URSS et la peur du communisme n'avaient pas été pour rien dans l'instauration, à l'Ouest, après guerre, d'un rapport de force soudainement défavorable au Capital et favorable au Travail. Ce fut une époque, mais elle est révolue.

Totalement révolue. Ajouté à la croissance exponentielle de l'Etat-providence, ajouté à la révolte des classes moyennes contre le niveau des prélèvements, l'écroulement communiste a refait basculer le rapport de force dans l'autre sens. Nous en voyons aujourd'hui les effets dans tous les domaines, sur tous les continents. Tous, d'ailleurs, ne sont pas détestables. Le libéralisme aussi a ses mérites mais, quoi qu'il en soit, toute entreprise politique, l'Europe comme les autres, porte la marque de son temps.

◢ Ph.L. : Je t'écoute et j'ai l'impression que tu n'as, en fait, pas de défense. Ta réponse est de dire : oui, c'est vrai, l'Europe, en l'occurrence, n'a pas été exemplaire mais elle a été emportée par le mouvement général des choses.

▲ B.G. : Non, ce n'est pas ce que je dis. Ce que je te dis, c'est que nous débattons des vertus et des dangers d'une unification politique de l'Europe, des moyens d'entrer dans une autre ère, de récréer un Etat et une puissance publique au niveau fédéral, avec toute la puissance d'un continent riche derrière lui, et que tu t'obstines, toi, à vilipender les années quatre-vingt.

▲ Ph.L. : Nous faisons bien un débat sur l'Europe et je prétends que la construction de l'Europe, telle qu'elle a été menée depuis ses débuts, a été un des moteurs puissants du système de dérégulation, du système de globalisation, du système dominant. L'Europe, dont on aurait pu rêver qu'elle résiste à ce système par sa puissance, aura été un accélérateur, un cheval de Troie. Alors voulu, pas voulu ?

Moi je pense que dans cette affaire-là – et c'est pour cela que les attaques contre les technocrates bruxellois sont complètement incongrues – la question est de savoir si les politiques se sont servis de l'Europe pour faire passer certaines potions particulièrement délicates. C'est bien possible. Je le crois en fait.

▲ B.G. : Ils l'ont fait, en partie, mais parce qu'ils pensaient que c'était bien de le faire. Ils pensaient comme leur époque.

◢ **Ph.L.** : Certains pensaient que c'était bien, d'autres pensaient qu'il était difficile d'y parvenir et que l'Europe était un instrument bien commode. Il me semble que, dans un bilan, on ne saurait oublier que l'Europe, au-delà du politique et de l'économie, a surtout été créée par le droit, utilisé au mieux par le couple Commission-Cour de justice. Le droit communautaire est une invention géniale des militants européens. Le couple Commission-Cour a transformé en droit positif les dispositions des traités. Quant aux Etats membres, ils sont devenus « sujets de droit » du fait de la primauté du droit communautaire.

Je sais que c'est un peu compliqué mais c'est essentiel, si l'on veut comprendre le mécanisme qui fait que nous en sommes là. A la base, des traités qui s'imposent aux Etats. Ensuite, la Commission et la Cour de justice qui les mettent en musique. Au fond, il n'est pas excessif de dire que c'est la Cour de justice qui a imposé le Marché commun en supprimant les barrières techniques, qu'elle est à la base de l'Acte unique et du Marché unique. Le problème c'est que, dans cette remarquable construction « le droit européen, je cite encore Gauron, prétend organiser l'ensemble des droits entre les gens sur la seule base des rapports marchands. Le droit ne protège plus les individus contre le marché, il les asservit au marché ».

Le droit européen né de sociétés humanistes a quasiment instauré une forme de totalitarisme du marché. Ce n'est pas le libéralisme qui fait ça. C'est la construction européenne... Oui, oui, je sais ce que tu vas me dire.

Tu vas m'objecter que c'est nous les citoyens qui avons laissé faire. Sans doute. Lorsqu'un pays vote à 50,4 % pour Maastricht, le Traité est approuvé par le pays, c'est la règle. Donc, d'accord, je dis « nous » mais nous avons construit un monstre, dont la référence essentielle est le marché. C'est quand même paradoxal. Les Français, nos gouvernements, ont nommé des commissaires, dans la droite ligne des traités que nous avons signés et l'on peut lire, dans ces traités, que la concurrence doit s'appliquer partout.

Pour ce qui est du social, par exemple, il y a une magnifique phrase dans le Livre blanc de la Commission qui dit : « L'Etat-providence doit maintenant évoluer vers un équilibre optimal entre prévoyance publique, privée, collective et individuelle. » C'est une curiosité. Comme pour les services publics, la dérégulation et la concurrence sont dans la protection sociale. On est toujours dans cet aspect concurrence-concurrence-concurrence, marché-marché-marché. Toujours cette référence au marché ! Quand je dis : arrêtons, réfléchissons, c'est à ça que je fais référence.

▲ B.G. : Si tu veux parler du libéralisme...

▲ Ph.L. : ... Non...

▲ B.G. : ... Eh bien moi si, pour une fois ! Il faudrait, tout de même, avoir la lucidité de voir que si Margaret Thatcher a pu être élue et tant de fois réélue, que si les travaillistes britanniques ne sont revenus au pouvoir qu'après s'être convertis au blairisme, que si toutes les gauches européennes et les démocrates américains ont suivi le même mouvement, sont allés dans la même direction, c'est que le libéralisme a répondu à de vraies aspirations, à de vrais rejets en tout cas.

Le libéralisme n'est pas sorti de nulle part. Autant la doctrine du « moins-d'Etat » relève de l'aberration criminelle dans des pays qui ont encore tout à construire, qui ont besoin, comme nous en avons eu besoin après guerre, d'une politique industrielle, d'une planification, de volontarisme économique, voire d'un contrôle des changes, autant il est vrai que dans les pays riches, les nôtres, l'étatisme avait fini par trop peser sur l'économie.

Un réajustage était nécessaire. On est allé beaucoup trop loin, on a grotesquement déifié les marchés, scandaleusement, et dangereusement, marginalisé les élus politiques et, donc, la démocratie, mais tout n'était pas faux pour autant dans le diagnostic libéral. Je crois, par exemple, vrai que nous avons laissé se développer la protection sociale jusqu'à l'hypertrophie, qu'elle n'est plus seulement ce qu'elle aurait dû rester, une mutualisation du risque, une solidarité organisée face à l'accident, à la vieillesse et à la maladie, mais un dispensateur d'aides dont les classes moyennes profitent infiniment plus que les plus démunis.

Quand Martine Aubry a proposé, il y a déjà des années-lumière, que les allocations familiales soient soumises à un plafond de ressources, ce fut un tollé parmi trop de gens qui ont les moyens d'élever leurs enfants ou d'assumer le choix d'en avoir beaucoup. Les classes moyennes ont vite fait de tuer ce projet mais c'est Martine Aubry qui avait raison. L'idée même de protection sociale s'est dévoyée. Il faut la resserrer, la recentrer sur ceux qui en ont vraiment besoin, admettre que c'est un vrai problème que Mme Thatcher et les libéraux ont utilisé, que le taux de prélèvement social est devenu excessif, si ce n'est insupportable.

▲ Ph.L. : Oui, c'est en partie cela qui a permis Mme Thatcher. Sans doute, mais il y a quand même des choses que je conteste. Déjà la dernière phrase : « On est arrivé à un niveau de prélèvements insupportable. » Quand tu regardes ce que les gens dépensent aux Etats-Unis pour se soigner, pour prendre leur retraite, etc., le prélèvement est plus important que le prélèvement obligatoire en France. Par contre, c'est leur propre argent pour leurs propres enfants. Ce n'est pas pour les autres, ce n'est pas pour la communauté. Le taux de prélèvement important ? Oui, il l'est. Système qui était hypertrophié ? Que veut dire hypertrophié ? Trop développé ?

▲ B.G. : Il est anormal que la Sécurité sociale nous rembourse, à toi comme à moi, nos cachets d'aspirine. Ce n'est plus de la redistribution. Ce n'est plus de la solidarité. Cela ne tient aucun compte du niveau de vie atteint par les classes moyennes occidentales. C'est, au bout du compte, une injustice car ce sont les gens aisés, pas les pauvres, qui se précipitent chez le médecin au moindre bobo.

▲ Ph.L. : Le véritable problème est celui de savoir ce qu'est la protection sociale. Est-ce les allocations familiales? Est-ce que ces systèmes-là doivent être basés sur l'égalité ou sur l'équité? Nous voilà devant un débat essentiel. Si on remplace l'égalité par l'équité on va avoir des surprises. L'idée est dans la tête de beaucoup de libéraux, et c'est au nom de l'équité qu'on ne verserait pas certaines prestations à des gens qui soi-disant n'en auraient pas besoin. Je crois que, derrière cela, il y a toute une philosophie de ce qu'est la collectivité, l'intervention publique, l'intervention collective. Donc ce n'est pas si simple que ça. Qu'il faille réformer, sans doute. Aucun système ne peut prétendre ne jamais se réformer. C'est l'évidence mais le principe même du prélèvement collectif, de la redistribution collective est un principe fondamental...

◣ B.G. : ... Que je ne conteste certainement pas. Bien au contraire : je veux un Etat européen assez fort pour le défendre.

▲ Ph.L. : Tu ne le contestes pas sauf que, en ce moment, le système européen que l'on met en place ne le fait pas sien, et même le discute, en discute le bien-fondé, toujours au nom de la concurrence. Il y a un monsieur, qui n'est pas un collectiviste, pas un antilibéral, qui est un européen dont personne, je crois, ne peut discuter l'engagement : c'est Michel Albert. En 1982, Albert a écrit *Le Pari européen*. En 1982, il était contre la création du Marché unique. Il disait : « Il faut réformer les institutions avant de faire le Marché unique », parce que lui avait vu le danger. Et le danger c'est quoi ? On a fait un marché de dupes. On a fait le Marché unique, la dérégulation, on a mis le loup dans la bergerie. Et, en attendant, sur le social que nous dit-on ?

Tu connais la réponse et ne me dis pas que c'est à cause du refus de l'unité politique ou du fédéralisme ! En quoi est-ce le refus de céder la souveraineté politique qui aurait débouché sur la construction de cette machine à faire du marché ? Pourquoi est-ce que le fait de ne pas abandonner, de ne pas déléguer, un morceau de souveraineté amènerait à penser que la concurrence et le marché sont les deux moteurs principaux de l'activité économique, les deux moteurs du bonheur, les deux moteurs de la justice sociale ? Qu'est-ce que ça a à voir avec la souveraineté ?

▲ B.G. : Eh bien, Philippe, beaucoup de choses. Ce n'est, bien sûr, pas qu'il faille imputer à l'absence d'unité politique de l'Europe, au refus du fédéralisme, la vague libérale née des années quatre-vingt et la manière dont elle a imprégné la construction européenne. Le problème est ailleurs. Il est qu'en refusant d'aborder, d'emblée, la construction européenne dans sa dimension politique, en persistant dans ce refus, en ne laissant libre que la seule voie économique, nous avons littéralement pavé la route aux libéraux. Car, enfin, qui pense et professe que l'économie n'a rien à voir avec la politique, qu'elle a ses propres lois, celles de l'offre et de la demande, du moindre coût, du retour sur investissements, du taux de profit ?

Qui dit que tout ce qui fausse ces lois, les préoccupations sociales et environnementales, la protection des salariés, le financement des investissements collectifs ou la sécurité du travail, ne fait qu'entraver l'essor de l'entreprise, seul vrai garant de la croissance et, donc, du progrès ? Qui professe cela, si ce n'est les libéraux qui le font contre les sociaux-démocrates et les démocrates-chrétiens, contre le modèle européen, qui affirment, au contraire, que l'économie est faite pour l'homme, pas l'homme pour l'économie, que les plus faibles ont besoin de protection, les sociétés d'harmonie sociale, que l'impôt doit redistribuer les richesses et qu'il est faux, ignominieusement faux, que l'enrichissement des plus riches enrichisse tout le monde ?

Contre les libéraux, la gauche, toute une partie de la droite européenne aussi, professent, au contraire, que l'économie a tout à voir avec la politique, que l'on ne peut pas les séparer, et des gens de gauche, comme toi, des européens, continuent à refuser de donner à l'unité européenne sa dimension politique ? On marche sur la tête ! Vous offrez l'Europe aux libéraux. Vous êtes les premiers coupables.

▲ Ph.L. : Non! Non, non, pas du tout! On n'est pas coupable d'être sceptique sur le fédéralisme, de refuser un enchaînement d'étapes que l'on voudrait nous imposer alors qu'on ne sait pas où il mène. On n'est pas coupables de refuser un nouveau blanc-seing à une démarche qui n'a rien fait pour inspirer la confiance. Je constate, moi, que la construction de l'Europe, telle qu'elle a été faite par nos dirigeants, s'est traduite – que ça ait été voulu ou non – par une accélération de la pensée dominante que tu dénonces comme moi. La manière dont cette Europe a été construite, le primat donné à l'économie et, dans l'économie, donné à la concurrence et au marché, sont suicidaires. Il faut arrêter ça car, si on doit continuer dans la même voie, alors là nous allons dans le mur. C'est la raison pour laquelle je souhaite que l'on s'arrête un moment, le moment nécessaire à élaborer des pistes nouvelles, fût-ce au prix d'une crise. A demain?

▲ B.G. : Je ne pense pas plus que toi qu'on puisse « continuer comme ça ». Je pense, comme toi, qu'on irait alors « dans le mur » mais la question n'est pas de savoir s'il faut ou non continuer. Elle est de savoir *comment* continuer.

On ne peut pas continuer comme ça car les institutions de l'unité européenne ne correspondent plus à sa réalité, aux immenses progrès qu'elle a faits depuis le Traité de Rome. Ces institutions sont dépassées du simple fait que l'Union ne compte plus six Etats membres mais quinze et, bientôt, près du double. Ce n'est pas tout. Ce n'est même pas le plus grave.

Depuis le 1ᵉʳ janvier, les citoyens de douze des Etats membres comptent, paient et sont payés en euros. Nous avons un embryon de défense commune qui va maintenant se développer, depuis le 11 septembre, bien plus vite encore qu'on aurait pu l'espérer. A la plus grande surprise des diplomates, nos politiques étrangères convergent, presque naturellement, comme jamais, sur presque tous les dossiers chauds, Proche-Orient, Balkans, Cachemire, Afghanistan, Russie, Protocole de Kyoto...

Il y faut, naturellement, de la concertation, beaucoup de

rencontres et de conférences téléphoniques, il y aura toujours des divergences ou des conflits, mais tout se passe comme si des intérêts communs commençaient d'induire des réflexes communs, à Londres, Paris, Berlin, partout, dans toutes les capitales européennes.

Mieux encore, bien plus fondamental encore, regarde ce qui s'est passé à Gênes. Au-delà des violences policières et de celles d'une poignée de casseurs, on y a vu des citoyens européens réunis pour aller interpeller les dirigeants des plus riches pays de l'Union qui étaient, eux, réunis dans le cadre du G8. Il y avait là, dans la rue, tout un courant de la citoyenneté européenne, du peuple européen, venu interpeller, de tous les coins de l'Union, les gouvernants de l'Europe.

Il y avait, là, face à face, un pouvoir et une contestation, une contestation bien proche de la tienne, de la mienne aussi, qui manifestait son rejet du libéralisme dominant, qui exigeait une autre politique européenne mais qui le faisait, déjà, dans une dimension européenne. Tout cela se passait sur un échiquier politique européen qui prend forme...

◢ Ph.L. : ... Oui, peut-être peut-on dire cela comme ça. Tu as le sens de la formule. Tu es un homme optimiste, mais un mot, d'abord, sur le comportement de la police. L'Europe entière en a été éclaboussée et les protestations européennes ne m'ont pas percé les tympans. Pour le reste, s'agissait-il de manifestations d'Européens interpellant l'Union européenne ?

Ça me paraît un peu réducteur. En fait, c'est le système qui était interpellé, le système dans son ensemble. Plus encore que l'ampleur de la manifestation, ce sont les slogans qui m'ont intéressé. J'ai pensé au taureau de combat lors d'une corrida. Au début, il charge la cape puis, peu à peu, il sent que, derrière la cape, il y a le matador qui la fait bouger, et c'est le matador qu'il cherche de la corne. Il a compris que la cape était un leurre. A Gênes les gens cherchaient les responsables, parlaient des marchés, des marchés financiers, des fonds de pension, des actionnaires, de la légitimité du pouvoir des actionnaires.

C'est ce qui me paraît le plus important. Le taureau populaire commence à découvrir qu'il y a quelque chose derrière la cape. Moi j'ai l'impression qu'avec l'Europe c'est pareil. Des gens commencent à découvrir que, derrière la cape européenne (elle est tellement jolie la cape européenne, et tellement bien utilisée), il y a une Europe qui s'accommode vraiment très, très bien du libéralisme. Sans états d'âme.

◢ B.G. : Elle s'accommoderait tout aussi bien de la social-démocratie, ou de toute autre politique, si nous, les citoyens, le voulions. A Gênes, des citoyens européens ont commencé à dire qu'ils ne voulaient plus du libéralisme, qu'ils n'en voulaient plus pour l'Europe mais plus, non plus, pour le monde dans lequel elle ne pourra peser qu'unie – comme ces manifestants l'étaient – en faveur d'une régulation de l'économie mondialisée.

L'unité politique de l'Europe reste à faire mais elle émerge par pans entiers, dans le désordre, au gré des événements et des nouvelles réalités internationales, sécrétée par l'unité économique et la contestation sociale de décisions économiques qui sont, elles, d'ores et déjà européennes, mais elle émerge sans cadre institutionnel, sans organisation, autrement dit sans contrôle démocratique. C'est avant tout pour cela qu'on ne peut en effet pas « continuer comme ça », qu'il faut des partis, des Verts, une gauche, une droite, un exécutif, un Parlement et un électorat paneuropéens, une démocratie européenne.

Nous avons une monnaie européenne et une Banque centrale européenne mais, face à cette BCE, nous avons douze ministres de l'Economie et des Finances des pays de l'euro, douze ministres de l'Industrie, douze ministres des Affaires sociales, douze secrétaires d'Etat au Budget. En face d'une autorité monétaire désormais unique et indépendante des différents gouvernements, nous n'avons pas d'autorité politique commune à même de faire contrepoids, d'en être ne serait-ce que l'indispensable interlocuteur.

Je ne sais pas si je suis un partisan acharné de l'indépendance de la Banque centrale mais je suis totalement certain, en revanche, qu'on ne peut pas continuer à avoir une Banque centrale, indépendante et, de facto, fédérale, sans avoir de gouvernement économique et social de l'Europe. Première urgence.

Deuxième problème : nous avons engagé avec plusieurs

pays des négociations sur l'élargissement. Je suis partisan de l'élargissement de l'Union européenne. Je le suis car les pays d'Europe centrale sont européens et que l'intérêt de l'Union européenne, celui de la stabilité continentale et de la stabilité internationale, est que ces pays s'arriment à l'Union.

Il le faut, ce n'est que justice et tout le monde en bénéficiera, mais ces pays, d'un autre côté, sont loin d'être assez économiquement développés pour rejoindre la monnaie commune. Alors que faire? Les laisser lanterner aux portes de l'Union? Gagner du temps en les berçant de bonnes paroles? Ce serait à la fois malhonnête et dangereux car nous ne ferions, là, que déstabiliser l'Europe centrale, que retarder sa modernisation en y favorisant des droites nationalistes, anti-européennes, archaïques et parfaitement inquiétantes.

Alors il faut un peu de volontarisme, beaucoup de politique. Il ne faut plus retarder l'élargissement, il faut tenir nos promesses, répondre à l'attente centre-européenne mais accélérer, dans le même temps, l'unification politique des pays de l'euro et résolument marcher vers leur fédération. Pour parer les deux dangers qui menacent – la dérive d'une Europe centrale laissée à elle-même et l'implosion d'une Union réunissant des pays économiquement inégaux – il faut organiser l'Europe en poupées russes.

Il faut créer un noyau dur au sein de l'Union, une fédération politique des pays déjà unis par leur monnaie, la similitude de leurs échiquiers politiques et de leur niveau de développement, et faire de cette Fédération un membre et un seul d'une Union élargie dont les pays d'Europe centrale seront membres de plein droit. Il ne faut pas dire aux pays candidats qu'ils rejoindront l'Union mais sur un strapontin, membres de second ordre bénéficiant de moins de droits que les autres.

Il faut, au contraire, les faire pleinement membres de l'Union mais d'une Union au sein de laquelle d'autres Etats membres seront déjà allés plus loin dans l'unité politique pour être la locomotive de cet ensemble, son pôle d'arrimage, la préfiguration de la Fédération élargie qu'un jour l'Union, toute l'Union, deviendra. Voilà toutes les raisons pour lesquelles je pense qu'il ne faut plus traîner sur la voie de l'unité. Voilà comment je crois que nous pourrions, et devrions, avancer.

◢ Ph.L. : D'abord il y a un constat commun, qui me paraît le plus important : ça ne peut pas durer comme ça. Ça ne peut pas se poursuivre dans une espèce de marche forcée vers la globalisation, vers la « modernité » au pire sens du terme, celle qui vient de l'extérieur, qui est le modèle extérieur. Ça ne peut pas non plus se poursuivre en faisant de l'économisme sans parler de politique. Nous sommes d'accord là-dessus.

Il s'agit donc bien, au moment où nous sommes, de réintroduire le politique dans l'Europe. Je dis bien « réintroduire » parce qu'il y a toujours été présent. Tu m'as dit que ce qui a été fait ne le fut pas sans l'accord des Etats, ce qui n'est pas faux. Les pays qui ont construit l'Europe que nous vivons aujourd'hui et dont nous déplorons l'un et l'autre un certain nombre d'insuffisances et de travers, ont été responsables de l'état de l'Union. Quand je parle de réintroduire le politique, je pense en fait moins aux forces politiques qu'aux citoyens des pays de l'Union. Comment les intéresser à l'Europe? Comment les amener à en débattre?

Au fond, le moment est bien choisi. Le retour de la demande d'Etat qui s'est manifesté depuis quelques mois est un retour du politique. Plus personne ne pense que la concurrence et le marché sont des réponses suffisantes. Alors prenons le train en marche et disons : nous allons vous parler de politique européenne et des choix qui s'offrent. Certains vont vous parler de fusion, de fédération, d'autres de coopération, mais tous vont vous parler de politique. Et nous allons la réhabiliter, tant il est vrai qu'il est aussi important d'avoir des députés intelligents que des commissaires pas sots. Nous n'y parviendrons que dans la mesure où le débat se déroulera dans la plus grande clarté. Il faut cesser d'avancer masqué.

Les souverainistes doivent se démasquer, et les fédéralistes doivent faire de même. Je veux dire par là que les fédéralistes, s'ils veulent aller au bout de la fédération (nous parlerons après de ce qu'est le fédéralisme), devront nous dire s'il s'agit d'union, de fusion, de rapprochement ou d'autre chose. Les souverainistes doivent dire clairement quelle est la limite qu'ils marquent à la coopération qu'ils disent souhaiter. Le dernier point, qui me semble essentiel, c'est que nous ne nous inscrivions pas dans une construction européenne politique défensive. Je m'explique. Il ne faut pas faire l'Europe parce qu'on ne peut pas faire autrement. Il ne faut pas la faire non plus pour faire pièce à la puissance des Etats-Unis qui nous fait froid dans le dos. Il ne faut pas non plus la faire en imitant le modèle américain.

Je préférerais une Europe qui suive sa voie, je préfère une doctrine Monroe pour l'Europe, pour reprendre l'expression de Chevènement. Mais il ne faut pas se déterminer par rapport à l'acteur principal, il faut se déterminer par rapport à sa propre histoire, et je dirais par rapport à sa propre culture. Si on doit faire l'Europe politique, c'est pour affirmer un certain nombre de choses qui nous appartiennent, et dont les plus importantes me paraissent être la citoyenneté, la nation, la démocratie et la République.

Je sais bien que là je parle comme un Français. Pourtant je ne veux pas me poser en donneur de modèle à l'Europe entière. Le triptyque nation-démocratie-République me paraît décisif pour une raison grave : dans le monde que nous vivons actuellement, ce qui m'inquiète, c'est la *décitoyennisation*. Ce qui m'a beaucoup frappé dans l'évolution du discours politique en France ces derniers temps, c'est que tout le monde ou presque a dit : « Oh là, là! Regardez comme les gens ont voté pour la proximité! Oh là, là! Comme les gens sont intéressés par ce qui les touche! »

C'est très intéressant car ça veut dire, au fond : « Nous

n'avons plus beaucoup de choses en commun, cultivons nos prés carrés. » C'est un phénomène de décitoyennisation qui est la négation de la République. Je pense que la définition de la République, «ce que nous avons en commun», peut s'appliquer à l'Europe mais qu'avons-nous en commun? Qu'est-ce qui est commun aux citoyens européens? De mon point de vue, tout intéresse les citoyens européens.

Bien sûr, la sécurité immédiate, l'écoulement des eaux — on a vu d'ailleurs un Premier ministre parler du transport des pièces d'un demi-euro dans une intervention de rentrée, ce qui prouve bien que la proximité est dans tous les esprits. Mais ce n'est pas ça, l'Europe. L'Europe, c'est quelque chose d'autre. Ce sont des nations, ce sont des démocraties inspirées pour certaines, dont la France, du principe républicain. C'est cela que je voudrais moi rendre pérenne pour l'ensemble de l'Europe même si je semble vouloir, là, vendre un modèle qui nous est propre.

En fait, si je parle du principe républicain c'est que je souhaite définir des objectifs qui ne soient pas seulement des objectifs quantitatifs, mais des objectifs de vie en commun, de représentation, qui fassent qu'on rende l'Europe aux citoyens. La question qui se pose est donc : est-ce que le fédéralisme est la méthode qui permet de rendre l'Europe aux citoyens? Je serai ravi de t'entendre là-dessus, et de savoir comment ça fonctionne. C'est la première question. Si la réponse est : oui, c'est le fédéralisme, eh bien! Pourquoi pas? Pourquoi pas, bien que la manière dont je formule ma question laisse bien supposer que je doute que le fédéralisme soit la réponse.

▲ B.G. : On finira peut-être par se rejoindre... Peut-être mais pas encore car une chose me surprend. Il nous faut, dis-tu, définir ce que nous avons en commun, nous Européens. Or nous le savons. Nous Français, nous Allemands, nous Italiens etc., nous avons des vies politiques, une culture, un niveau de vie...

▲ Ph.L. : D'accord mais je n'ai pas dit : il faut définir ce que nous avons en commun. Je t'ai dit : nous devons définir un projet, et au centre du projet il y a le citoyen, voilà mon propos.

▲ B.G. : Définir un projet! Mais voyons, Philippe, nous sommes en démocratie, il s'agit d'en construire une à un niveau fédéral. C'est aux forces politiques européennes, à tous les citoyens européens, de définir non pas *un* mais *des* projets politiques concurrents, alternatifs, et de les faire triompher par les élections. Si l'Union européenne devait inscrire un projet politique dans sa Constitution, je demanderais aussitôt l'asile politique à la Russie qui s'est sortie de ce genre de blagues.

Soyons sérieux. Je plaisantais mais je crains que toi, non. Ce qu'il faut, évidemment, inscrire dans la future Constitution européenne, ce sont les principes de démocratie politique et sociale qui nous sont communs et sur lesquels nous nous réunissons – pas un programme ni même un projet politique.

Entre citoyens européens, entre les citoyens et non pas les pays européens, il y a, heureusement, de profondes différences politiques. Certains sont de gauche, d'autres de droite, libéraux, gaullistes, traditionalistes ou chrétiens-démocrates. Ce n'est pas la même chose, et puis il y a les Verts, une extrême droite, une extrême gauche, toutes forces qu'il faut organiser en partis ou mouvements paneuropéens pour que naissent, de leur confrontation, les majorités politiques qui se succéderont dans l'alternance. C'est elles et les citoyens européens qui décideront du « projet ».

◣ Ph.L. : Une première réponse. Tu as dit : « citoyen européen ». Non ! Il n'y a pas de citoyen européen.

◣ B.G. : Il n'y avait pas non plus de citoyens français avant l'unité nationale et la démocratie. Il faut créer le citoyen européen.

◣ Ph.L. : Vraiment ? Eh bien laisse-moi te retourner le compliment. C'est possible, on peut créer le citoyen européen – tout autant qu'on a pensé pouvoir créer l'« homme socialiste ». J'en parle sans rire. C'est vrai qu'il faut essayer de le créer mais il n'existe pas, ce citoyen européen. Bien sûr qu'il y a, culturellement, une manière de vivre, la manière d'être, les regards, les histoires qui font qu'il y a, bien sûr, un fonds

84

commun. On ne part pas de rien. On part d'un socle, assez important, d'ailleurs. Mais pour autant...

On n'y est pas et c'est pour ça que je suis stupéfait qu'on parle d'une Constitution européenne qui préjuge de l'existence d'un citoyen européen qui, non, n'existe pas. Il y a des gens qui ont des affinités, des cultures communes, des vues communes, qui ont sans doute des problèmes communs, mais qui n'ont pas des regards communs. Tous sont guidés par leur propre histoire. Les Français sont intéressés – c'est le moins qu'on puisse dire – par le Maghreb; les Espagnols s'intéressent, par nature, à l'Amérique latine; les Allemands à l'Europe centrale. Je veux dire par là que je me demande même s'il y a actuellement une convergence d'intérêts et de réflexion citoyenne spontanément européenne. Je ne le crois pas.

▲ B.G. : Je reprends ce que tu dis des intérêts géopolitiques différents, des histoires différentes de nos peuples. C'est vrai mais tant mieux! C'est un enrichissement, c'est l'incroyable potentiel de l'Europe, une source vive de rayonnement international. Les Espagnols sont notre lien avec l'Amérique latine. La France peut être l'intermédiaire privilégié avec beaucoup de pays méditerranéens, notamment ceux du Maghreb; avec les pays d'Afrique noire également. L'Allemagne peut jouer ce rôle, le joue déjà, avec l'Europe centrale, très largement germanophone. La Grande-Bretagne a derrière elle, à côté d'elle du moins, l'immense

Commonwealth. Je ne vois là nulle contradiction. Je vois une formidable complémentarité, une extraordinaire virtualité d'influence mondiale. Et puis attends !

« Pas de citoyen européen », disais-tu ? J'ai eu tort de te le concéder. Ce n'est pas vrai car, après tout, l'Europe, celle du Traité de Rome, cette Europe économique dont tu ne veux voir que le libéralisme, a déjà deux succès politiques de taille à son actif, deux œuvres de solidarité qui relevaient très évidemment d'une volonté politique commune, d'une *citoyenneté* commune qui, déjà, précédait les institutions.

Sans le soutien de l'Europe, le passage de l'Espagne et du Portugal à la démocratie ne se serait fait ni aussi bien ni aussi vite. Si la Communauté économique européenne n'avait pas existé, ça se serait fait quand même mais dans de bien moins bonnes conditions. Deuxièmement, la remise à niveau, en termes d'équipement et de développement, des régions les plus pauvres des différents Etats membres de l'Union européenne ne se serait pas du tout faite sans l'existence de la Communauté. Dans le cadre de la Communauté, comme dans un pays, comme dans toute nation civilisée, les plus riches ont payé pour les plus pauvres mais ça s'est fait, là, au-delà des frontières nationales. Pour cela, pour payer, il faut un sentiment d'appartenance commune.

◢ Ph.L. : Là, il n'y a même pas de discussion. Je serais totalement inconséquent d'être favorable à la redistribution en France et en Europe et ne pas être d'accord avec le fait que les pays les plus riches donnent un coup de main aux pays les plus pauvres. Et le fait est, sans aucun doute, que cela est à mettre au crédit de l'Europe mais... Car il y a un *mais*.

Quand ça marche, quand il y a des choses bien qui se font, quand, autre exemple, des citoyens des pays membres peuvent saisir une instance européenne pour défendre leur liberté, on dit : « Ça, c'est l'Europe ! Vive l'Europe ! » Mais quand l'Europe pond des réglementations de rond-de-cuir tout en faisant de la dérégulation, fait de la concurrence et du marché les seules références à son action économique, ça, ce n'est plus l'Europe ! C'est les politiques. C'est extraordinaire ! L'Europe, c'est toujours bien ; et quand ce n'est pas bien, c'est à cause des politiques.

◣ B.G. : Je ne dirais pas ça. Je dirais qu'il n'y a pas d'entité métaphysique nommée « Europe ». Il y a des dirigeants politiques élus qui font la politique de l'Europe. Quand ils la font bien, c'est grâce à eux. Quand ce n'est pas bien, c'est à cause d'eux mais, bonnes ou mauvaises politiques, l'unité politique de l'Europe est une nécessité pour le monde et elle-même.

◢ Ph.L. : Bien sûr qu'il n'y a pas d'entité métaphysique. Quand je dis : c'est l'Europe, je dis bien : c'est la manière dont a été construite l'Europe. Pas l'Europe en elle-même, la malheureuse ! Mais ne perdons pas de vue l'image que les gens peuvent avoir de cette Europe...

B.G. : ... Tu es journaliste comme moi, corrigeons cette image si elle est fausse.

Ph.L. : Elle est difficile à corriger. Je pense que si ce livre réussissait à faire en sorte d'éviter de diaboliser ou de sanctifier l'Europe, qui a des défauts et des qualités, des avantages et des inconvénients, qui n'est ni la panacée ni l'horreur absolue, ça ne serait pas si mal. Je pense qu'il est fondamental de dire : l'Europe n'est pas la réponse à tout. Au fond, pourquoi est-ce que je continue à réfléchir à l'Europe ? Car, après tout, je pourrais très bien dire : arrêtons l'Europe, sortons, on verra bien...

Ce n'est évidemment pas ce que je dis. Et pas seulement parce que j'y suis contraint et qu'on a été trop loin, pas seulement parce que j'aurais été entraîné contre mon gré dans une aventure dont je ne pourrais plus m'extraire, non !

Je pense qu'il y a sans doute, dans la réflexion globale sur l'organisation des continents, l'organisation du monde, quelque chose à faire, certainement, et que l'Europe est une partie de la réponse. Sur le projet que devrait porter l'Europe, nous ne sommes pas très loin l'un de l'autre. C'est après qu'il y aura débat : comment parvenir à l'Europe que nous souhaitons toi et moi. Toi tu dis : le fédéralisme ; moi, je n'en suis pas convaincu, je pense que nous avons encore besoin des nations. On se revoit demain ?

▲ Ph.L. : Nous en étions à la meilleure manière de construire l'Europe. C'est simple : c'est celle qui favorisera la citoyenneté. C'est ça le débat. Tu disais, et tu avais en grande partie raison : nous avons une monnaie commune, comment se fait-il que nous n'ayons pas une politique économique commune, une fiscalité commune, voire des lois sociales communes ?

Tu n'avais qu'en partie raison car tu retombais aussitôt dans la précipitation, pour employer un mot poli, qui avait consisté, avec la monnaie unique, à tirer à tout prix l'Europe vers l'Europe fédérale, donc vers l'union politique. C'est un peu comme quand de Gaulle disait (il ne l'a d'ailleurs, paraît-il, jamais dit) : « L'intendance suivra. » En l'occurrence, pour l'Europe, c'était : « Le politique suivra. »

En fait, il n'y a nul besoin de faire la révolution pour mettre un pouvoir politique économique européen en face de la Banque centrale européenne. Pas besoin de faire une fédération. Non! Il n'y a qu'à le décider, et dire : nous sommes douze à avoir une monnaie commune, nous allons délibérer du niveau de la fiscalité et de toutes les autres grandes questions liées. Nous pouvons le faire, ensemble, à douze.

Ce sera, bien sûr, une amorce de politique commune mais une amorce pragmatique et nous serons ainsi loin de la politique économique commune souhaitée par certains. Te rends-tu compte à quel point il était dangereux de faire une monnaie unique alors que, sur la fiscalité par exemple, les souverainistes, ces souverainistes qui ne sont pas tous français, vont s'en donner à cœur joie?

Réfléchis! Pourquoi le gouvernement économique européen n'a-t-il pas vu le jour? Les Français l'avaient souhaité, les Britanniques l'ont refusé – d'autres aussi. Les Allemands n'y étaient guère favorables...

▲ B.G. : ... Je te vois venir. Tu veux dire que ces pays n'en voulaient pas car ils étaient plus libéraux que nous. Peut-être l'étaient-ils alors mais il n'y a pas de pays génétiquement libéraux, moins encore de nations libérales. Il y a des parcours, des points d'aboutissement, des moments politiques. L'important, c'est la dynamique d'une situation, pas ces moments. Les Allemands deviennent favorables au gouvernement politique. Ils en ont maintenant besoin. Ils sont moins méfiants. Ils évoluent.

Je vois bien ce que tu as en tête mais si nous continuions à développer des politiques communes dans le simple cadre de négociations intergouvernementales, avec douze gouvernements autour de la table, bientôt plus, alors que nous abordons des domaines aussi fondamentaux que la politique économique, la politique sociale, la politique étrangère, nous courrions à la catastrophe.

A ton tour, réfléchis! Dans ce cadre-là, sans élections ni exécutif paneuropéens, nous nous trouverons toujours avec des gouvernements nationaux de couleur différente. Ce sera la cohabitation à douze, des cotes mal taillées et le donnant-donnant à chaque fois, l'irresponsabilité permanente puisque ce sera toujours la faute de l'autre, qu'on ne saura jamais qui a voulu quoi.

◤ Ph.L. : Mais l'état des lieux est celui-là.

◣ B.G. : Par rapport à rien, c'est un progrès mais on ne peut pas en rester là. Si tu veux qu'il y ait, dans l'Europe unie, des dirigeants responsables devant des citoyens responsables, il faut organiser le débat politique européen, paneuropéen, incluant l'ensemble des peuples concernés. C'est comme ça que se formeront, après élections, des majorités chargées de mener une politique définie, de gauche, de droite ou d'ailleurs, et qui devront, ensuite, rendre compte de leur action. C'est ce qu'on appelle la démocratie et l'Europe en a besoin.

◤ Ph.L. : Tu es à quel horizon, là?

◣ B.G. : On ne peut pas arriver là du jour au lendemain,

ni même d'ici à 2005 ou 2006. Je le sais. Ce que je souhaiterais, en revanche, ce qui est urgent, c'est que les différents courants politiques européens s'organisent, d'ores et déjà, en partis paneuropéens, qu'il n'y ait plus, aux prochaines élections européennes, des candidats socialistes français, travaillistes britanniques, sociaux-démocrates allemands, mais des candidats de la gauche européenne, des Verts européens, de la droite européenne et des autres courants afin que...

◢ Ph.L. : ... C'est une forme d'utopie. J'ai donné dans l'utopie; j'en suis un peu revenu. Tu me racontes une formidable histoire, avec ta gauche européenne... Attends! Blair, Jospin, Schröder, les Suédois, une gauche unie? Un parti socialiste européen uni? Et une droite unie?

Une seule droite avec Aznar, Berlusconi, Blair (il faut le mettre partout, Blair, parce qu'il est partout), les gaullistes et les conservateurs britanniques? Tu rêves! Tu te projettes dans l'espace. Ça ne se décrétera pas ainsi.

◣ B.G. : Il ne faudrait surtout pas le décréter. Il faut se demander si c'est ou non souhaitable. Si oui, il faut y œuvrer.

◢ Ph.L. : Peut-être est-il souhaitable qu'un jour le continent européen – le noyau dur – soit divisé entre gauche et droite, peut-être, mais nous n'en sommes pas là. Aujourd'hui, la question centrale est de savoir comment on fait avancer politiquement l'Europe en y replaçant les citoyens.

Tu parles de fédéralisme mais je remarque que fédéralisme et libéralisme, en France en tout cas, vont bien ensemble. Ecoute les discours politiques : M. Bayrou, M. Madelin sont des libéraux qui sont également des gens favorables au fédéralisme, au régionalisme, à la décentralisation, etc.

◣ B.G. : La totalité des Verts français est fédéraliste. Les socialistes...

◢ Ph.L. : ...« La totalité des Verts français »? « Totalité » et Verts, ça ne va pas ensemble mais, même si tu avais raison, disons qu'ils sont une originalité. En règle générale, décentralisation, retrait de l'Etat, responsabilisation de proximité, fédéralisme et libéralisme vont de pair.

◣ B.G. : Pas du tout. Le débat sur le fédéralisme transcende complètement...

◢ Ph.L. : ... Le débat ne transcende rien du tout. Je constate que fédéralisme et libéralisme vont de pair.

◣ B.G. : Tu « constates » car ça t'arrangerait qu'il en soit ainsi mais, bien... Laissons cela. Est-ce pour cette raison, à cause des libéraux, que tu refuses le fédéralisme?

◢ Ph.L. : Je constate, parce que c'est un constat, que les tenants du fédéralisme sont, en France, des libéraux plus ou moins affirmés. C'est vrai de Balladur, vrai de Giscard d'Estaing, vrai de Madelin, vrai sans doute de l'aile « moderne » du PS, vrai de Bayrou, même s'il est prudent. Tous ces gens ont en commun deux choses : une méfiance plus ou moins affirmée de l'Etat et une propension à exalter l'individualisme contre le collectif.

Il y a autre chose qui me gêne, c'est l'ambivalence, ou plutôt l'ambiguïté du fédéralisme. Dans un colloque organisé par République moderne, un mouvement proche de Chevènement il faut le dire, cette ambiguïté était bien analysée. Le fédéralisme se présente comme un modèle alternatif à celui de l'Etat moderne et centralisé que la France connaît depuis bien avant la Révolution. Le modèle de référence historique du fédéralisme, c'est le Saint Empire romain germanique. Qu'est-ce, en définitive, qu'une Europe fédérale ? Est-ce un super-Etat fédéral ? Que deviennent dans ce schéma les Etats-sujets, les Etats-nations ? Quelle part de souveraineté leur reste-t-il ?

◣ B.G. : Qu'est-ce que tu vas chercher là ? Pour commencer l'Europe fédérale, contrairement au Saint Empire romain germanique, sera constituée par des démocraties et sera donc démocratique elle-même. C'est l'évidence...

◢ Ph.L. : Bien sûr ! Mais je te répondrai que la monarchie, bien qu'elle n'ait pas été une démocratie, portait en germe ce qui a fait le modèle d'Etat sur lequel s'est fondée la République car elle définissait un espace d'intérêt commun et créait une unité et une souveraineté quasiment nationales. Il n'y avait rien de commun entre la monarchie et la République sauf une conception de l'Etat. Il n'y aurait rien de commun entre ta Fédération et le Saint Empire sauf une négation de l'Etat.

▲ B.G. : J'ai un peu de mal. J'ai l'impression d'être tombé sur la planète Mars. Soudain, nous n'avons plus de langage commun car je te parle d'un projet concret, démocratique, que je te décris, que je vais continuer à te décrire et tu m'opposes des références historiques vieilles de plusieurs siècles et dont je ne vois pas la pertinence. Tant pis !

Revenons au concret. Tous les Etats de l'Union européenne sont des démocraties installées. Ces démocraties sont des Etats-nations...

▲ Ph.L. : ... Pas toutes, certaines.

▲ B.G. : Si, toutes. Il y a évidemment les Basques et les Corses, les Catalans et les Ecossais si tu veux, mais si ! La France est un Etat-nation, l'Allemagne est un Etat-nation, les Pays-Bas aussi, même la Grande-Bretagne et je dirais l'Espagne également– avec un peu plus d'hésitation. Je connais mal. Je peux me tromper.

▲ Ph.L. : Est-ce que l'Allemagne est un Etat-nation ?

▲ **B.G.** : Sans aucun doute. Au sein de l'Etat national allemand, le poids institutionnel des régions, des Länder, est beaucoup plus grand qu'en France, comme il l'est en Italie et naturellement en Espagne mais, outre que le poids des régions s'affirme aussi en France, tous ces pays sont des Etats-nations qu'il s'agit de fédérer en leur donnant des institutions politiques communes. D'où l'expression de « Fédération d'Etats-nations » qui, si contradictoire qu'elle puisse paraître, ne l'est pas.

Elle ne fait que décrire ce qu'il s'agit de faire. Il ne s'agit pas de fédérer des pommes de terre ni des Etats multinationaux mais des Etats-nations.

Maintenant, qu'est-ce que ce fédéralisme par lequel unir ces Etats du noyau dur et, un jour, toute l'Union ? Pas de grand mystère. C'est tout simplement la projection de la démocratie politique au niveau de l'Union. Comment la projeter à ce niveau ? En ayant un Parlement fédéral qui représente, après élections, la majorité politique du moment dans ce noyau dur. Question : que deviennent les Etats constituants là-dedans ?...

▲ **Ph.L.** : Un moment. Moi, il se trouve que la démocratie telle que tu la décris ne me suffit pas. Ce qui existe est certes déjà bien. Ce n'est pas l'arbitraire. On n'impose rien aux gens. Le pouvoir ne vole pas, ne viole pas, ne tue pas. Je peux m'exprimer... Mais ça ne me suffit pas parce que cette démocratie telle que tu me l'as décrite, c'est une démocratie en creux : c'est tout ce qu'on ne me fait pas, qu'on n'a pas le droit de me faire, toutes les libertés qu'on me garantit à moi. Là-dedans, il n'y a pas l'intervention de la construction en commun. Ça, c'est la République, c'est la chose commune. Dans la démocratie il n'y a pas nécessairement la chose commune, l'intérêt commun, la participation à l'intérêt commun.

Moi, il me faut en plus l'intervention des gens sur tous les sujets, dans tous les domaines de la politique. J'ai parfois l'impression que nous vivons dans des démocraties consenties mais auxquelles il n'y a pas d'adhésion. La décitoyennisation a eu lieu depuis quinze ans en Europe à coups de « ça ne vous regarde pas » ou « c'est trop compliqué pour vous » ou « les politiques sont nuls » ou « laissez donc la place aux économistes » ou « occupez-vous de ce qui vous est proche ».

Ce discours lancinant sur la crise de l'Etat-providence, ce discours qui a si considérablement contribué à affaiblir tout ce qui était collectif en Europe, ce discours dure depuis vingt ans, parfois tenu par des hommes de gauche. Quand M. Fabius nous fait de grands laïus sur la baisse des impôts, il ne peut pas ne pas savoir que, derrière, il y a quand même le retrait du collectif. Il rend aux gens. Il le dit, d'ailleurs : « Je vous rends. » On est dans une démarche de ré-individualisation.

Je pense vraiment, très sincèrement, que le fédéralisme,

dans sa construction même, est porteur de cet individualisme, le facilite, le nourrit. Il le nourrit parce qu'il induit l'affirmation de la proximité, de la ville, du local. Il est, au fond, la gestion plus les droits de l'Homme. Et il me manque, là, la dimension républicaine. Il me manque une autre dimension, qui est celle de la nation, non pas tant la souveraineté nationale que la nation comme collectif, comme être vivant.

◣ B.G. : J'entends ce que tu dis, j'adhère largement, mais pour les conclusions... Les miennes sont diamétralement opposées aux tiennes. Cette dépossession du citoyen de l'intelligence des choses et de la décision, je la ressens aussi cruellement que toi mais à quoi tient-elle ? A la manière, dis-tu, dont s'est développé le processus d'unification européenne, ton principal accusé.

Je pense, moi, que si le débat politique tourne tellement en rond, que s'il y a une telle panne d'imagination sur ce qu'il faut faire et sur la manière de le faire, sur les intérêts en présence, la manière de les traduire et de les défendre, que si les grands partis politiques en arrivent tous à se confondre dans un centre de plus ou moins bon aloi mais sans saveur, c'est parce que nous sommes au bout d'un grand cycle de l'histoire européenne – celui du mouvement ouvrier et de l'affirmation de la démocratie qui ont conduit, ensemble, à l'émergence des classes moyennes.

Les deux siècles précédents ont été façonnés par ces combats-là. Jusque dans le communisme et le nazisme, dans d'incroyables progrès comme dans la barbarie la plus absolue, toutes les batailles politiques, idéologiques et sociales de ces deux siècles d'intensité ont été organisées, nourries, passionnées par ces enjeux mais ces batailles se sont épuisées.

Il faut, aujourd'hui, prendre en compte de nouvelles dimensions géopolitiques. L'Europe n'est plus le centre du monde. Le monde ne se réduit plus à l'Occident. Le poids des classes ouvrières s'est considérablement réduit. Les partis ouvriers, le parti du Travail et les partis conservateurs se disputent aujourd'hui la même clientèle, celle des classes moyennes dont sont issus à peu près tous leurs dirigeants, à droite comme à gauche. Les rapports de force et les antagonismes politiques, ceux que nous connaissions et que nous avons toujours en tête, en sont totalement modifiés.

Nous peinons encore, et pour longtemps sans doute, à mentalement intégrer une réduction des distances qui redessine le monde et s'ajoute à des évolutions technologiques et scientifiques complètement nouvelles et perturbantes, jusqu'au vertige.

Il se passe, mais en mille fois plus profond, ce qui s'était passé au tournant des XVIIIe et XIXe siècles – un changement de donne si radical que nos catégories politiques en sont caduques, que la politique est à réinventer. La gauche et la droite, le parti de l'ordre et celui du mouvement, le parti de la jungle et celui de la compassion, sont à réinventer dans leurs tréfonds sociaux et culturels. Bref, nos vies politiques patinent parce que nos échiquiers sont dépassés.

Alors, non! Ce n'est pas dans le faux affrontement entre droites et gauches nationales qu'on passera ce cap. Au sein des vieux Etats-nations, de ces formations d'une autre ère, l'imagination politique est bridée, proscrite, entravée par les réflexes et les survivances d'un passé révolu. Il faut pouvoir dépasser tout cela, dépasser les clivages anciens en embrassant les problèmes nouveaux. Je crois, moi, que la manière de renouveler le débat politique, de le rendre aux citoyens, de leur permettre de former le nouvel échiquier, sera de donner à ce débat d'aujourd'hui la dimension qu'il doit nécessairement avoir dans le monde d'aujourd'hui, une dimension continentale dépassant non pas les nations – elles existent, elles sont là – mais le cadre politique institutionnel des Etats-nations.

▲ Ph.L. : Ce que tu dis là est très séduisant et j'ai envie de te répondre : ne nous arrêtons pas là, organisons un débat mondial, puisqu'il s'agit de mondialisation. Car le fait est que ce n'est pas en débattant entre Français de problèmes qu'on ne pourra pas résoudre seuls qu'on va s'en sortir. Pour autant, pour qu'un débat soit pertinent, il faut qu'il ait un espace pertinent. L'espace pertinent d'un débat, c'est la nation. La nation, ce n'est pas ce que pensent M. Le Pen, M. de Villiers ou d'autres. Ce n'est pas un enfermement, quelque chose de fini. C'est quelque chose qui vit, qui a besoin des autres nations, de se confronter à elles, de les interroger, de les voir vivre et de vivre avec son passé, avec tout ce qu'elle a apporté dans son histoire. Et je pense que c'est au sein de ces nations construites au gré de l'Histoire, plus ou moins inspiré des idées républicaines, que se trouve toujours le bon cadre du débat.

Même s'il s'agit de problèmes que l'on ne peut pas résoudre seuls, il n'empêche que c'est bien dans ces nations, et dans l'extension du débat entre nations, que naîtra quelque chose de pertinent. C'est pourquoi la question que je te pose est : dans ta fédération, que fais-tu des nations ? Que serait cette fédération ?

Tu sais, d'autres ont rêvé à la révolution mondiale avant de se rabattre sur la révolution dans un seul pays. Il y a eu un débat, tu le connais aussi bien que moi. Je suis un modeste. Je te dis : approfondissons le débat dans ces vieilles nations.

▲ B.G. : Tu as raison. Le débat est mondial mais, pour l'organiser, il faut organiser le monde en continents, commencer, pour ce qui est de nous, par faire l'Europe qui aura une force d'entraînement. Mais, d'abord, contrairement à ce que tu as l'air de penser, je ne suis pas un révolutionnaire. Je déteste les révolutions. Je suis un réformiste, un partisan du mouvement mais un réformiste...

▲ Ph.L. : ... Non. Non, non ! Désolé de te contrarier mais tu es un révolutionnaire qui rêve, comme d'autres avant toi, d'accoucher l'Histoire. Ce que tu envisages là, c'est une vraie révolution, intellectuelle et politique. Bien sûr que le discours des politiques est décevant mais reconnaissons que leur tâche est difficile, soyons un peu modestes vis-à-vis d'eux, nous qui rapportons ce qu'ils font pour dire qu'ils font mal. Bernard! Où veux-tu débattre de tous ces problèmes nouveaux, y compris de la question de ce que peut faire l'Europe?

C'est évidemment au sein de ce champ qu'est la nation, construite par le temps, par des apports, des percées, des modifications, par l'Histoire, non pas au sein d'une nation fermée sur elle-même et voulant imposer sa loi aux autres mais bien au sein de cette entité-là.

C'est sur le devenir de ces entités de débat, dans ton fédéralisme, que je m'interroge.

◣ B.G. : Je vais te choquer. Je crois être très français, jusqu'à la caricature, mais je peux très souvent être, dans tel ou tel domaine politique, à l'occasion de tel ou tel débat, beaucoup plus proche d'Italiens, d'Allemands ou de Britanniques que de nos propres concitoyens...

◢ Ph.L. : ... Ça ne me choque pas du tout!

◣ B.G. : Le fait est, par exemple, que quand les Italiens ont commencé à reconstruire leur gauche, je me suis senti formidablement proche de leur démarche. Le fait est que lorsque Tony Blair a parlé de la nécessité d'en revenir à la responsabilité du citoyen, je me suis senti très proche de lui, beaucoup plus, à l'époque, que des socialistes français. Autre exemple : j'ai été passionné par les solutions que la coalition de centre-gauche néerlandaise apportait, au début des années quatre-vingt-dix, au problème du chômage.

J'ai envie d'ouvrir les fenêtres. Nous avons besoin d'un espace démocratique plus large, nourri d'expériences différentes, diverses en tout cas. Nous étouffons, chacun dans nos frontières. Nous croupissons. Il nous faut le vent du large, confronter des idées et faire émerger des forces politiques contemporaines à l'intérieur de cet espace européen qui est à la fois tellement homogène et si multiple, « pluriel » comme on dit, que la confrontation de ses cultures politiques est non seulement possible mais conduira aussi à un total renouveau intellectuel. Accoucher l'Histoire ? Non, que le bolchevisme nous en garde ! Mais faire accoucher les nations européennes de l'Europe dont elles sont porteuses, oui ! Certainement.

◢ Ph.L. : Je comprends ton souhait. Je comprends que tu me dises que la reconstruction de la gauche en Italie, avec l'Olivier, était intéressante. Il m'est arrivé de rencontrer un type comme Bruno Trentin, qui était le patron de la CGT italienne pour faire gros. J'ai été plus passionné par Trentin que par Georges Séguy mais la nation dont je te parle n'est pas un sous-marin dont on ferme les écoutilles pour plonger et couler au cri de « c'est nous qui avons raison ». L'espace européen est un des espaces mais il n'est pas le seul, ce ne doit pas être l'unique. L'espace pertinent du débat, c'est celui des peuples avec leur histoire. Si M. Blair est en place aujourd'hui, s'il a gagné les élections comme il les a gagnées, c'est qu'il a vécu Mme Thatcher. Les Français n'ont pas vécu Mme Thatcher. Bref, nous avons les uns et les autres nos histoires. Profitons de la diversité, profitons de nos regards croisés. Mais déjà, réhabilitons la nation, réhabilitons l'espace national, réhabilitons le politique dans la nation, réhabilitons le collectif dans le discours !

Je suis frappé de voir à quel point nous sommes dans une période de repentance. C'est épouvantable. C'est vrai que ces nations ont fait le pire et le meilleur. Mais je reviens à mon idée. Pour moi le fédéralisme, c'est-à-dire la création d'un super-Etat qui, d'une certaine manière, déferait les Etats, serait un appauvrissement inouï pour l'Europe. A ce moment de la discussion, j'aimerais citer un homme que tu connais : Paul Thibaut. Parlant de la construction d'une Europe fédérale dans le droit fil de ce qui a été construit, il écrit : « Cela pourrait ressembler à l'Autriche-Hongrie : la politique réservée à une élite transversale et des peuples cultivant leur identité folklorique. Certainement pas le pire des régimes mais une impotence politique croissante. » Je redoute cette dérive, c'est vrai.

▲ B.G. : Mais Philippe, cette dérive est là, déjà là, avec l'obsolescence des Etats-nations. C'est précisément pour cela qu'il faut bouger. Il ne faut pas voir arriver, avec le renouveau, la menace déjà portée, avérée, par le statu quo.

◢ Ph.L. : Tu as raison. Il est fâcheux qu'on constate déjà cette dérive mais je crains que le fédéralisme ne fasse qu'accélérer le mouvement au lieu de l'inverser. Convaincs-moi du contraire. Concrètement, c'est quoi, ton fédéralisme ? Tu me le dis demain ?

▲ **B.G. :** Je vais te décevoir. Il n'y a pas de Constitution européenne à sortir des tiroirs. Il est bien que tant de gens en rédigent. Ça aide à réfléchir mais les institutions fédérales de l'Europe se trouveront dans la pratique, s'essaieront sur de longues années avant de se trouver vraiment. J'espère que ça ne sera pas cinquante ans. Je pense que ça ne sera pas moins de vingt ou vingt-cinq ans. Trop long?

Très court en fait. C'est la distance qui nous sépare aujourd'hui des débuts de l'écroulement soviétique en Pologne et tu connais, sans doute, la réplique prêtée à Lyautey. Un jour, devant des champs marocains, Lyautey s'exclame : « Mais c'est des oliviers qu'il faut planter ici ! – Il faut quinze ans pour en faire pousser, lui objectent ses aides. – Alors qu'attendez-vous ? » répond-il.

Ce n'est pas, autrement dit, parce qu'on ne peut ni ne doit *décréter* le fédéralisme, qu'il ne faut pas, dès à présent, se le fixer pour but et défricher ses voies. J'en vois deux. La première – je commence par elle car c'est, de loin, la plus importante – est la formation de forces sociales et politiques organisant le débat politique au niveau paneuropéen, au niveau fédéral. C'est tout à fait possible.

Cela demandera du volontarisme mais c'est pour cela que sont faits les partis et les forces politiques, les penseurs politiques et sociaux – pour en susciter. La politique consiste à définir une ambition et à voir les moyens de la réaliser, à se fixer un horizon et à marcher vers lui. Il ne faut, là, rien faire d'autre. Cela n'a rien d'utopique. Quelques exemples.

Aujourd'hui, en Europe, les organisations syndicales nationales ressentent durement le besoin d'opposer un travail uni à un capital qui est, lui, d'ores et déjà uni au niveau européen, voire mondial, donc plus fort que les forces dispersées du travail. Ce n'est pas par hasard que la réflexion sur l'organisation de forces paneuropéennes est, de loin, la plus développée dans le milieu syndical. C'est tout simplement parce qu'au niveau patronal, c'est fait, depuis longtemps.

Pour ce qui est des associations, alors là c'est encore plus facile, dans une foultitude de domaines. Pour ce qui est des associations culturelles, philosophiques, artistiques, écologiques évidemment, les communautés d'intérêt, les transversalités, sont multiples, foisonnantes, clairement nécessaires. Pour ce qui est de la presse, c'est en train. Dans la presse, des alliances se nouent, presse conservatrice d'un côté, presse de gauche, libérale au sens américain, de l'autre.

Important, la presse. Elle sent le mouvement avant les autres et le précipite. Avec Eugenio Scalfari, le fondateur de *La Repubblica*, j'ai d'ailleurs eu ma part dans cette anticipation, trop tôt sans doute mais je continue à y contribuer. Je te parle d'une chose très concrète, pas du tout d'utopie.

Pour ce qui est enfin des forces politiques, des partis, c'est certainement plus compliqué que pour les syndicats, les organisations patronales, les associations ou les journaux. C'est plus compliqué mais il y a, pourtant, de solides bases communes. Au début du siècle précédent, la social-démocratie européenne était une force relativement cohérente. Son unité a volé en éclats l'été 14 mais elle a existé et l'Internationale socialiste est bien vivante, très active et vivante aujourd'hui.

La démocratie chrétienne l'est aussi, sans doute même plus homogène que la social-démocratie. Les libéraux sont divisés, libéraux conservateurs ou libéraux-libertaires, comme Louis Michel, jeune homme d'Etat belge d'évidente stature européenne, mais, bon! Le moins qu'on puisse dire est qu'ils constituent, pour ton désespoir, une force européenne.

Quant aux Verts, les petits nouveaux plus si petits, c'est dans ce courant-là que les convergences paneuropéennes, culturelles, générationnelles, politiques, sont les plus fortes. Joschka Fischer est une révélation européenne. Il devient le visage de l'Europe dans l'arène internationale. Daniel Cohn-Bendit, depuis trente ans déjà, est le premier des citoyens européens, ni allemand ni français, européen, et si cette dimension est tellement affirmée chez les Verts, c'est parce qu'ils sont politiquement jeunes, contemporains, et que les problèmes d'environnement se rient des frontières, y compris maritimes.

Tu le vois : ce n'est pas la création du monde, pas l'accouchement de l'Histoire aux forceps. Il s'agit seulement de creuser le sillon, de le voir, de creuser – et de semer. Comment? Sans révolution là non plus. Il y a déjà plusieurs années que Jacques Delors a proposé que ces forces politiques paneuropéennes aillent aux élections pour le Parlement de Strasbourg avec chacune leur tête de liste, qu'on élise ainsi une personne, homme ou femme, au lieu de seulement voter pour un programme et que cet élu de l'Europe soit destiné à prendre la tête de la Commission européenne, de l'actuel exécutif.

Une fois encore, cela peut se faire sans prendre le palais d'Hiver, dans le cadre des institutions européennes existantes puisque, désormais, le Parlement doit accorder sa confiance à la Commission. Eh bien, le Parlement n'aura confiance qu'en une commission présidée par la personnalité politique ayant mené sa liste à la victoire électorale. C'est tout.

Et c'est énorme. Ça ne ferait pas encore de cette personnalité le Président de l'Europe. Il y aura des évolutions successives de la pratique et des institutions. Ce ne serait qu'un pas vers le fédéralisme, vers une démocratie européenne représentative, mais quel pas! Les forces politiques seraient contraintes à penser dans la dimension continentale. Les meilleurs de chaque camp se battraient pour cette place de tête de liste. Les élections européennes prendraient une dimension décisive. Le Parlement en serait valorisé et il y aurait, non pas encore institutionnellement mais politiquement, deux pouvoirs légitimes en Europe, l'organisation de deux légitimités – celle des Etats-nations et celle de la Fédération naissante.

Voilà pour la première des voies à défricher. La seconde est encore plus facile à ouvrir car cela se fait déjà, pas assez mais depuis longtemps. La seconde chose à faire, en parallèle à la première, est de développer, comme tu le souhaites, la concertation politique entre Etats, la concertation économique entre les Douze, la concertation à quinze partout où elle sera nécessaire et possible, la concertation à plusieurs enfin – ceux qui voudront et pourront, ensemble, aller plus loin sur un sujet ou tel autre.

Si nous conjuguons ces deux mouvements, l'émergence volontariste d'une vie politique européenne et le renforcement des collaborations entre Etats, si nous y parvenons, alors on pourra passer, à terme, voies ouvertes, expériences faites et sur la base d'une citoyenneté européenne prenant corps, à la mise en place d'institutions fédérales.

Lesquelles? Elles auront déjà été dessinées en pointillé. Premièrement, un Président légitime, issu du suffrage populaire. Deuxièmement, un Parlement bicaméral, avec Chambre des nations et Chambre fédérale, faisant les lois et contrôlant l'exécutif. Troisièmement, des chefs d'Etat, garants, comme la Chambre des nations, des intérêts nationaux à l'intérieur de la Fédération. Reste, maintenant, une foule de questions.

Faudrait-il que le Président européen procède du Parlement ou bien du suffrage universel direct? Quelle serait la durée des mandats? Quel serait le rapport de forces institutionnel entre le Conseil des chefs d'Etat et le Président de la Fédération? L'importance respective des budgets fédéral et nationaux? La part des forces armées nationales et fédérales? Les pouvoirs de la police fédérale par rapport aux polices nationales?

On voit bien l'enjeu, les multiples enjeux fondamentaux, de toutes ces questions et de cent autres mais laissons décider la vie, l'expérience, la volonté populaire qui en découlera et qui, de toute manière, tranchera. La meilleure façon de voir est d'avancer mais soyons clairs. Dès lors qu'il y a un exécutif et un législatif fédéral, il est évident, c'est le but, que les trois grands sujets d'intérêt fédéral, politique étrangère, économie, défense, relèvent, relèveront, de la compétence fédérale. C'est logique.

C'est pour affirmer l'Europe sur la scène internationale, pas pour en faire un nain politique, que les fédéralistes prônent le fédéralisme mais, par ailleurs, il y a une foule de domaines, non pas moins importants mais qui ne sont pas d'intérêt fédéral, qui doivent eux rester de la compétence nationale.

L'éducation, la justice, la culture, le rapport entre les Eglises et l'Etat, le code de la famille, le salaire minimum, l'organisation politique interne des Etats membres et le degré de centralisation, dans tous ces domaines et dans tant d'autres, c'est aux Etats-nations de décider, en pleine souveraineté. Il ne s'agit pas d'imposer aux Britanniques ou aux

Espagnols l'abandon de la monarchie ; de nous demander, à nous Français, de déléguer l'éducation nationale aux Régions ou d'obliger les Allemands à renoncer à l'impôt religieux au motif qu'il ne correspond pas aux canons français de la laïcité.

Il ne devrait plus s'agir non plus, par parenthèse, de réglementer la chasse, de la Suède à la Sicile. Il ne s'agit pas d'uniformiser, rassure-toi Philippe, mais un dernier mot. Il y aura, bien sûr, une formidable bataille politique autour du niveau de protection sociale. Les uns diront que les lois fédérales n'ont rien à imposer en ce domaine. D'autres voudront, au contraire, que les normes sociales les plus élevées soient garanties par la Fédération comme part intégrale des valeurs européennes sur lesquelles l'Europe s'unit. Je n'ai pas besoin de te dire de quel côté je me trouverai. Nous serons du même mais cette bataille, ce sera aux forces politiques et sociales de la mener. Si nous gagnons, ce qui est très jouable, tant mieux ! Si nous perdons, nous aurons perdu une bataille, pas la guerre.

◢ Ph.L. : D'abord, merci pour la clarté. Tu dis ce que tu veux et quand tu dis que, d'ores et déjà, tout ce qui a été fait nous conduit à cela, tu as raison. Je trouve très important que tu admettes, que tu constates avec plaisir, que tout ce qui fut fait jusqu'à présent allait dans ce sens, qu'on l'ait dit ou pas. Il n'y a pas, c'est vrai, un grand pas à faire pour arriver de là où nous sommes aux institutions que tu souhaites.

C'est donc à juste titre que tu peux constater qu'en disant cela, tu ne fais que poursuivre ce que nous avons déjà amorcé.

En cela, je dirais que tu as une forme de légitimité, d'antériorité, car il est vrai que nous, je dis bien « nous », avons construit cela et que, naturellement, c'est une des voies de la suite. D'accord mais c'est précisément la raison pour laquelle, si nous voulons changer de direction et ne pas aller à ce résultat que tu souhaites, nous ne pouvons pas faire l'économie d'une crise, au sens d'un blocage, d'une crise et d'un débat.

Pourquoi est-ce mon souhait ? Parce que ton gouvernement européen, ton exécutif de la Fédération européenne qui s'occupe des grandes choses, ajouterait au fonctionnement de la démocratie européenne un étage supplémentaire et un étage de confusion supplémentaire. Tout est dans tout. Quand je défends la souveraineté des nations, ce n'est pas tant la souveraineté des nations en tant qu'entité agressant une autre nation ou contestant une autre nation, ou se battant pour un territoire. Quand je parle de ma conception de ce qu'on appelle « souverainisme », ce n'est pas un souverainisme national que je revendique, c'est la souveraineté des citoyens.

J'affirme que si on a une super-structure, un super-gouvernement, un bidule qui s'occupe de la politique étrangère, de l'économique et du social, c'est trop ou trop peu. Que restera-t-il aux nations ? Tu dis : l'éducation nationale. Est-ce que l'éducation nationale, par hasard, ne devrait pas relever de ce super-gouvernement? Tu dis, à un moment : la protection sociale. Est-ce que la protection sociale ne devrait pas en relever? Est-ce qu'une chose aussi importante que la protection sociale serait laissée à des nations qui devraient dès lors débattre avec cette super-structure, et qui devraient débattre aussi sans aucun doute, parce que l'on va vers cela, avec des gens qui diraient : mais laissez-nous nous occuper de notre protection sociale à nous.

Cette construction même – et nous revenons à la nature du fédéralisme – n'est pas souhaitable. Alors tu vas me dire : qu'est-ce que tu souhaites?

▲ B.G. : Non. Je voudrais déjà comprendre ce que tu refuses dans ce fédéralisme. Pourquoi n'est-il pas souhaitable à tes yeux?

▲ Ph.L. : Parce que, pour moi, la citoyenneté européenne ne peut pas être une citoyenneté partagée entre la nation et l'Europe. S'il y a citoyen européen, tout le concerne. Donc, a priori, s'il y a un exécutif européen, cet exécutif européen définit la res publica, il définit la chose publique, il s'occupe de toute la chose publique. C'est la définition républicaine de la démocratie.

▲ B.G. : Mais c'est toi qui veux le super-Etat! Pourquoi l'Etat fédéral devrait-il s'occuper de tout?

◢ **Ph.L.** : Il doit, en tout cas, s'occuper de l'essentiel et de beaucoup de choses. Pas de tout, peut-être mais, pour moi, les citoyens sont globaux – comme les consommateurs. Les consommateurs ne devraient pas s'attacher simplement au prix de ce qu'ils consomment. Il faudrait qu'ils s'intéressent aussi à la manière dont c'est produit, aux conséquences sociales du bas prix qu'on leur offre. Pour moi, le consommateur est global : il est consommateur d'impôts, il est consommateur de prestations sociales, il est consommateur de produits. Le citoyen, lui, est consommateur de la chose publique, de toute la chose publique. J'appelle ça la citoyenneté. Alors, au fond, qu'est-ce que je souhaite ?

D'abord, évidemment, qu'on aille vers une organisation de l'Europe, qu'on aille vers une mise en commun de nos forces, de nos intelligences, de nos différences – j'insiste sur le dernier point : la mise en commun de nos différences. Sous quelle forme ? Je dirais bien la République mais je ne vois pas pourquoi j'imposerais mon système aux autres, nation et Etat-nation. Puisqu'il s'agit, cependant, de ce que moi je souhaite, alors oui je rêve d'une Europe qui serait un Etat-nation républicain.

◣ **B.G.** : A long terme, elle peut parfaitement le devenir.

◢ **Ph.L.** : Non, si elle est fédérale, évidemment pas. C'est là tout le problème mais mon souhait serait plutôt là : un

Etat-nation Europe, qui est très utopique j'en conviens bien volontiers, et qui, par essence, dès lors qu'il serait un Etat-nation, ne peut pas être fédéral parce que c'est antinomique. C'est pour ça que, de mon point de vue, la fédération des Etats-nations est quelque chose qui ne peut exister.

Où est la souveraineté? Ou bien elle est dans la Fédération, ou bien elle est dans l'Etat-nation, mais il y a des souverainetés qui se cognent et à ce moment-là on ne sait plus où est la souveraineté du citoyen. Alors que faire? Remettre le politique au centre du jeu. Ça veut dire, sans aucun doute, remettre les Parlements nationaux au centre du dispositif. A ce propos tu as parlé de deux Chambres. Je suis assez d'accord avec une Chambre de nature européenne qui pourrait être élue sur des listes multinationales faisant apparaître, petit à petit, la fameuse citoyenneté européenne dont je te disais avant-hier qu'elle était sans doute au tiers faite ou à demi, mais qu'elle n'existait pas encore.

A côté de cette Chambre élue, il en faut une autre, représentant les Parlements nationaux. Car c'est tout de même au niveau de la loi édictée par les Parlements nationaux que doivent se passer les choses. Leur déshabillage, le fait qu'ils soient devenus des chambres d'enregistrement en face de la mécanique européenne est l'une des raisons de la désaffection du politique. Elle n'est pas explicite mais je pense que les gens doivent le ressentir ainsi. Il faut remettre les Parlements nationaux au centre du dispositif.

Est-ce à travers une représentation des Parlements nationaux dans une deuxième Chambre? En tout cas, ce débat européen, ce débat que nous avons là – quelle Europe va-t-on faire? –, il est clair qu'il faut qu'il soit entamé dans les Parlements nationaux. Il faut recueillir les avis des uns et des autres, il faut que ces gens reprennent la parole. Deuxième point important. Il y a un fonctionnement de l'Europe qui est parfaitement, je ne vais pas dire antidémocratique, mais totalement pervers. Je veux dire par là que la Cour de justice européenne incarne le triomphe du droit contre le politique.

▲ B.G. : Elle est, virtuellement, la Cour constitutionnelle européenne. Elle en joue, de fait, déjà le rôle. Où est le drame?

▲ Ph.L. : Il est extraordinaire que, le plus souvent, les Parlements nationaux n'aient pas de droit de proposition sur l'Europe et que la Cour de justice, en dernier ressort, impose aux Parlements nationaux des choses qui peuvent être non constitutionnelles ou changent la Constitution nationale. C'est quand même fort de café!

▲ B.G. : Pourquoi? Quand un Etat signe un traité, que ce traité est ratifié par son Parlement et que cette ratification implique un changement dans la Constitution de l'Etat membre qui ratifie, on change la Constitution. Où est le drame?

◢ **Ph.L.** : Nul ne songe à discuter cela. Mais tu sais très bien que certains traités ont entériné des pratiques et des décisions qui n'avaient jamais fait l'objet d'un débat démocratique. L'Europe a été créée par le droit. C'est mieux que par les armes mais ce n'est pas la panacée. Je souhaite que le droit de proposition soit redonné aux politiques, que le Parlement ait droit à débattre des directives, de toutes les décisions. Mais il ne le peut pas, il n'a aucun moyen d'intervenir. Je souhaite même qu'il y ait des conflits entre la Cour de justice européenne et les Cours constitutionnelles des Etats membres parce que je crois à la dialectique de la différence. Donc je souhaite qu'il y ait des débats sur ce genre de choses, dans un premier temps. Ensuite, qu'est-ce que je souhaite? Dans ce qui a été décidé à Nice, à mon avis, la seule chose intéressante c'est la capacité donnée à huit Etats de faire des progrès dans des directions choisies en commun, c'est-à-dire au fond de mener ensemble des politiques communes, les « coopérations renforcées ».

Je pense qu'il y a là quelque chose d'intelligent. La coopération renforcée entre certains Etats qui souhaitent aller dans des directions choisies en commun, je pense que ça peut faire avancer le schmilblick, ça unit, ça ne force personne, ça n'est pas unanimiste, ça fait avancer les gens de façon volontaire et volontariste. Pour arriver à quoi? Je n'ai pas de réponse, Bernard. Peut-être cela débouchera-t-il sur un gouvernement européen, mais peut-être ne sera-t-il pas fédéral. Peut-être sera-t-il confédéral, c'est-à-dire qu'au fond on aura fait naître la citoyenneté européenne à partir de la citoyenneté des nations.

Nous aurons donc un double ancrage : un ancrage national et un ancrage européen. C'est ce que je souhaite. Est-ce qu'on décidera ensuite d'aller jusqu'au gouvernement ? C'est possible, mais cela n'aura rien de fédéral. Je dis simplement une dernière chose : nous sommes dans une situation exceptionnelle. Je trouve que ce qui a été fait jusqu'à présent, même si je le critique vertement, était quand même une assez belle aventure. Nous sommes dans un moment exceptionnel : c'est la première fois, semble-t-il, dans l'histoire de l'humanité (il faut faire attention, il y a toujours des gens qui vont t'écrire : « mais non, à Babylone... ») que des pays qui ont mis mille ans à se créer décident d'essayer de réfléchir à leur sort commun et à leur organisation commune.

Alors, soyons un peu imaginatifs. Quand, pour résoudre cette affaire, les uns proposent (moi-même) l'Etat-nation, et que d'autres proposent le fédéralisme, je me demande s'il ne faudrait pas faire preuve d'un peu plus d'imagination pour tenter de faire naître cette organisation, où seront à la fois préservés la citoyenneté, le sens du bien commun (ce que j'appelle la République) et une citoyenneté européenne partagée, accrochée à une citoyenneté nationale.

Peut-être va-t-on l'inventer. Après tout, les Américains ont inventé leur système, mais à l'occasion d'une révolution. Je ne sais pas si nous devons être poussés par la révolution, mais en même temps ce que nous devons inventer est révolutionnaire. Faute de mieux, je te propose un début. On développe les coopérations renforcées, on renforce le pouvoir des Parlements nationaux, on déshabille un peu le droit pour rhabiller la politique. Et après on voit. On voit dans quelle direction ça nous mène. On voit comment des citoyens européens – ceux dont tu parlais – qui d'un coup deviennent vraiment européens, naissent à travers ça, naissent à travers le bicamérisme, naissent à travers des listes européennes qui se présentent pour une deuxième Chambre, et voient que leurs Parlements nationaux sont intéressés au débat, ont prise sur le débat européen.

Alors naît l'Europe. Alors naît le citoyen européen. Et peut-être naît, à ce moment-là, ce qui pourrait être une confédération européenne, qui est une extension des nations jusqu'au domaine européen commun. Tu m'excuseras d'être à la fois rêveur et utopique. Mais je crois qu'il n'est pas si utopique que cela de penser que, au fond, les preuves, la découverte, la solution se trouvent en marchant.

▲ B.G. : Tu me laisses totalement perplexe.

▲ Ph.L. : Je le suis moi-même un peu...

▲ B.G. : Je ne sais plus par quel bout t'attraper. Par moments, tu dis avec un accent de sincérité – tu étais presque ému en le disant, on sentait que ça te venait des tripes : « Oui, au fond, je souhaiterais un Etat-nation européen. » Là, tu vas soudain beaucoup plus loin que moi, jusqu'à un point où je suis convaincu qu'on arrivera un jour mais un jour vraiment très, très lointain. Tu deviens là vraiment utopiste. Tu le dis d'ailleurs, et à d'autres moments, le refus ressurgit, venant aussi des tripes.

Je ne sais plus mais, confidence pour confidence, j'en arrive à me dire, à force de t'entendre, que tu es probablement plus représentatif que je ne le suis des Européens d'aujourd'hui. Hasard de la vie, j'appartiens, moi, à cette minorité, importante minorité mais minorité d'Européens qui, depuis longtemps, vivent l'Europe comme leur patrie, se meuvent dans cette dimension et s'impatientent de voir traîner ce qui est pour eux l'évidence.

Tes objections, ta résistance, me troublent – précisément parce qu'elles ne relèvent pas d'un refus de principe mais d'une interrogation. Tu voudrais bien, ça te plairait si tu pouvais y croire, mais je ne parviens pas à t'y faire croire et je finis par me dire que, s'il faut être, en politique, deux pas en avant, rien ne sert de l'être de dix. Mon volontarisme en prend un coup. Ça ne me décourage pas mais... un peu, peut-être. On reprend demain ?

▶ B.G. : C'est l'un ou l'autre. Je suis sourd ou tu es incohérent. Ou bien je ne sais pas t'entendre ou bien, vraiment, tu es en pleine contradiction. Je ne vois pas, je ne comprends pas, comment tu peux souhaiter l'émergence d'une « nation européenne », ne pas exclure que cela se produise, croire, donc, comme moi d'ailleurs, que des Allemands, des Français, des Italiens, des Polonais, des Scandinaves etc. pourraient, un jour, constituer une seule et même nation, comment tu peux espérer cela et refuser, dans le même temps, dans le même souffle, de fédérer l'Europe.

◀ Ph.L. : Désolé : tu es sourd. C'est toi qui ne vois pas la différence, la totale différence, entre un Etat-nation européen, une République européenne et l'organisation fédérale de l'Europe. Un Etat-nation européen républicain, oui, ça fait rêver...

▶ B.G. : Attends! Pour qu'il y ait un Etat-nation européen, il faut qu'il y ait une nation européenne. Tu n'exclus pas que ça arrive, tu crois cette ambition réalisable, jouable en tout cas, et tu refuses d'œuvrer à sa réalisation! Pourquoi? C'est de la paresse? Une peur de l'échec? Pourquoi?

▲ Ph.L. : Parce que le fédéralisme, c'est le contraire de l'Etat-nation, son antithèse. L'un c'est l'Empire, l'autre c'est la République.

▲ B.G. : Philippe, pardon mais c'est du pur et simple fantasme. La Fédération européenne que je t'ai décrite hier est une démocratie, une démocratie représentative, alors que les empires, par définition, ne sont pas démocratiques. Où serait, dans cette Fédération, la nation impériale, celle qui asservirait les autres et la soumettrait à sa loi?

Je peux me tromper mais il me semble, en fait, et c'est un paradoxe pour un homme de gauche, que l'idée du fédéralisme suscite en toi la même crainte que chez Mme Thatcher. Tu avais repris l'autre jour son expression de «super-Etat». Avec cette crainte que tu exprimais d'un «troisième niveau, qui s'additionne, qui décide à la place des citoyens, à la place des nations», tu sembles avoir peur d'une super-bureaucratie...

▲ Ph.L. : Je n'ai jamais entendu Mme Thatcher défendre l'idée d'un Etat-nation européen. Tu n'y es pas. Je n'ai aucunement peur d'une administration supplémentaire ni d'une super-bureaucratie mais je ne veux pas, je le répète, d'un pouvoir qui s'éloigne des gens, des citoyens qu'il est censé représenter. Tu ne veux pas accepter le fait, non pas le fantasme mais le fait, qu'il y a une différence de nature entre un Etat fédéral, construit comme tel, et des Etats-nations tels qu'il s'en est constitué en Europe. Cette différence de nature, c'est une différence radicale dans la relation entre les citoyens et leur Etat.

Ce qui est en jeu là, c'est la chose publique, sa définition même. Le fédéralisme conduit les gens à cultiver leur jardin. C'est fait pour ça ! Ce n'est pas un fantasme...

◣ B.G. : ... Disons une crainte infondée.

◢ Ph.L. : Une crainte fondée, au contraire, fondée sur l'Histoire et l'observation des choses. Il y a des gens qui pensent que le fédéralisme est une organisation tout à fait pertinente, qui le défendent comme une bonne méthode dans laquelle un gouvernement s'occupe des choses sérieuses tandis que les citoyens s'occupent de leurs affaires personnelles et qu'entre les deux, évidemment, un corps de gens faits pour ça, des commis, des experts, qu'importe leur nom, rédigent les bonnes directives.

Tu as une Fédération en tête. Tu y crois, dur comme fer, mais chaque institution a sa dérive et celle du fédéralisme, c'est ça : chacun dans son jardin, ne vous occupez pas du reste. La dérive de l'Etat-nation républicain a été la centralisation. Elle est incontestable. L'Etat-nation a dérivé vers le Tout-Etat, l'Etat qui s'occupe de tout. Juste critique, mais la dérive naturelle du fédéralisme, c'est la décitoyennisation. Voilà!

▲ B.G. : J'ai l'impression de faire un baroud d'honneur. Je ne te convaincrai pas, c'est maintenant clair, mais, Philippe, c'est exactement le contraire. Il ne peut pas y avoir de vrais citoyens aux commandes, par leurs votes, dans un Etat-nation devenu trop petit à l'échelle d'un monde économique unifié, trop petit pour peser sur les choses. On ne se passionne pas pour le choix d'un gouvernement qui, de toute manière, ne peut rien décider d'essentiel. L'Europe unie, elle, pèserait et pourrait décider. Pour reprendre ton néologisme, la Fédération c'est la re-citoyennisation.

▲ Ph.L. : Non. Sa dérive naturelle, pour ne pas dire son objectif car c'est ce que veulent beaucoup des fédéralistes, c'est – le fractionnement des nations en villes, régions, professions, groupes d'intérêts et de pression – la fameuse « société civile », d'un côté et, de l'autre, le vrai pouvoir, l'« essentiel », dis-tu.

▲ B.G. : Je crois entendre Régis Debray. Tu parles comme Paul Thibaut!

▲ Ph.L. : Je pense parfois comme lui, sur certains points.

▲ B.G. : Que t'ai-je décrit hier? Non pas du tout ce que tu

crains à juste titre, une délégation toujours plus grande de domaines toujours plus grands et plus importants à des institutions européennes aussi peu légitimes, aussi politiquement illégitimes, que les actuelles institutions de l'Union. Ce n'est évidemment pas cela qu'il faut ambitionner car cela mènerait, pour le coup, à la totale dépossession du citoyen. Je t'ai décrit le contraire de cela, la construction d'une démocratie dans un espace politique assez pertinent pour que le citoyen retrouve son rôle.

L'extraordinaire est que je n'aurais jamais osé employer ton expression d'«Etat-nation européen». J'aurais trop craint que tu ne cries au fou, que tu ne veuilles plus rien entendre. Je ne t'aurais jamais dit, car c'est, de toute manière, du bien trop long terme, que la Fédération doit déboucher sur cela, dans un siècle ou vraisemblablement plus, et que c'est la raison pour laquelle il faut vigoureusement affirmer, le plus vite possible, la compétence fédérale contre la compétence nationale afin que cette nation européenne en devenir se reconnaisse pleinement dans cet Etat fédéral.

Je ne t'aurais pas dit que, dans mon esprit, l'Etat va créer la nation qui créera l'Etat-nation dans un jeu de miroirs, que cette dynamique institutionnelle n'est pas seulement une dynamique démocratique mais aussi nationale. J'étais prudent. Je ne voulais pas passer pour utopiste à tes yeux et c'est toi, boum!, qui balance sur la table l'Etat-nation européen – mais pour mieux récuser le moyen terme au nom du très long terme.

Puisque ce n'est pas la perfection maintenant, ne faisons rien! Puisque nous n'avons pas atteint cet horizon, puisqu'il est lointain, gardons-nous d'en prendre le cap! Gardons les pieds sur terre! Ne quittons pas le rivage! L'ennui, Philippe, c'est que la terre tremble. L'Europe des Etats-nations s'épuise et le navire appareille.

◢ Ph.L. : Ta Fédération n'en est même pas une. C'est une confédération. Tu n'es pas utopiste : tu poursuis une chimère. Tu crois marcher vers un objectif quand on te conduit à un autre. Regarde qui est dans ton bateau!

◣ B.G. : Oui, oui : je sais! C'est plein de libéraux et d'affreux blairistes mais si l'équipage ne te plaît pas, bats-toi! Prends le gouvernail! Prends des risques. Mouille-toi! Bon... Je m'emporte.

Ne nous fâchons pas. Je te réponds sur la confédération. Une confédération, c'est la fédération des organisations étatiques et non pas celle des citoyens. Ça n'a rien à voir. Ce que je te dis moi... mais pourquoi le répéter? Est-ce que ça vaut le coup?

◢ Ph.L. : Tente une synthèse!

◣ B.G. : Je synthétise. Il faut précipiter la naissance du citoyen européen, l'émergence d'une nation, de ce que Renan définissait comme un « plébiscite quotidien », en développant le débat et l'échiquier politique européens. Il faut le faire en donnant une dimension paneuropéenne à nos associations, nos partis et nos syndicats, en animant une vie politique européenne dont le premier moment serait les élections pour le Parlement de l'Union. Il faut que les différents courants politiques, droite, gauche et les autres, aillent à ces élections comme des partis paneuropéens et non plus nationaux et que les têtes de liste de ces partis aient vocation, si leur courant l'emporte, à prendre la présidence de la Commission. Il s'agit ainsi de radicalement changer la nature de cette Commission, d'en faire l'émanation du suffrage universel et non plus celle des gouvernements des divers Etats membres.

Synthétise à ton tour ! Dis-moi ce qu'est cette Fédération, si ce n'est un exécutif procédant des citoyens, de leur débat, de la démocratie ?

◢ Ph.L. : Ça ne suffit pas à déterminer tous les ressorts de la démocratie. C'est le bien commun qui détermine le territoire de la démocratie.

◣ B.G. : Mais nom de Dieu ! C'est dans la démocratie, par elle, qu'on définit le bien commun, son objet et son organisation ! Toi, tu es hors démocratie. Tu n'es pas contre elle. Tu es à côté d'elle, a-démocratique. Tu voudrais que l'on préjuge des choix politiques des citoyens européens avant d'organiser la citoyenneté européenne. Si hélas, il y avait demain, pendant vingt-cinq ans, une majorité européenne favorable au libéralisme, j'en serais très triste mais je serais dans l'opposition, actif, comme je le suis en France quand un gouvernement élu ne me convient pas. Ce n'est pas parce qu'un gouvernement français ne me convient pas que je ne veux plus de la France.

◢ Ph.L. : On est bien d'accord là-dessus. La meilleure preuve en est que la France est un Etat-nation, dit-on, et que ça ne l'a pas empêchée de mener des politiques libérales. Je ne préjuge de rien. Ce n'est pas parce que tu es un Etat-nation que tu fais un gros service public, ni l'inverse.

◣ B.G. : Je te le dis, Philippe, ne rends pas les armes avant la bataille. Sortons progressivement mais avec volonté, avec acharnement, en militant, en plaidant, sortons le plus vite possible de ce fonctionnement de l'Europe par négociation de compromis entre gouvernements nationaux. Affirmons, à l'échelle européenne, des majorités d'idées, des majorités politiques, qui organisent enfin le débat sur les grandes décisions et les grandes orientations à prendre par notre futur pays commun, l'Europe, l'Union, la Fédération.

Tu me sidères. Pourquoi ne veux-tu pas bouger dans cette direction alors qu'il y a un tel besoin – tu en étais d'accord – de confronter nos expériences et nos cultures politiques à nous, Européens, pour inventer la politique de demain, les idées politiques de demain ?

▲ Ph.L. : On va même avoir le droit à la différence!

▲ B.G. : Qu'est-ce que tu veux dire par là?

▲ Ph.L. : Qu'on ne serait pas obligé par exemple d'adopter tous les mêmes systèmes, qu'on aurait le droit à l'expérimentation, pas d'unanimisme.

▲ B.G. : C'est bien pour ça que je te disais hier, mais tu t'insurgeais contre cela, que l'exécutif fédéral devrait avoir à décider, en vertu d'un mandat électoral européen, des grandes orientations mais qu'il faut. au nom du droit à la différence, des différentes cultures et des différentes expériences politiques, qu'il faut donc laisser à la compétence nationale tout ce qui n'est pas la politique étrangère, la défense et l'économie. Pourquoi le gouvernement fédéral devrait-il s'occuper de l'organisation de l'enseignement en France ou en Allemagne? Pourquoi...

▲ Ph.L. : ... Ce n'est pas important, à tes yeux, l'enseignement? Tu n'es pas pour le service public de l'enseignement?

▲ B.G. : Moi si, mais pourquoi l'imposer à tout le monde?

▲ Ph.L. : Je ne veux rien imposer du tout mais dans ma conception du bien commun, de la chose commune, dans la conception républicaine, une chose aussi capitale que

130

l'éducation, l'avenir de la nation, sa culture, sa formation, ne se délègue pas, ne se fractionne, ne sous-traite pas. Il n'y a pas de nation si les citoyens ne sont pas réunis par une chose aussi fondamentale. Ta Fédération ne crée aucune nation. Elle fragmente et déconnecte, elle entérine les séparations nationales en enlevant l'«essentiel» aux nations et aux citoyens.

▲ B.G. : Tu as l'esprit de système. C'est tout ou c'est rien. Il serait logique et souhaitable, cela va d'ailleurs déjà se faire, que l'Union crée de grandes universités européennes mais pourquoi uniformiser l'organisation du secondaire, du primaire, des maternelles? En France, les femmes sont nombreuses à travailler : la demi-journée scolaire à l'allemande poserait chez nous des problèmes insolubles. A l'inverse, pourquoi priver les Allemands d'un rythme scolaire auquel ils tiennent et qui est, de surcroît, bien meilleur que le nôtre?

▲ Ph.L. : Le principe d'un grand système d'éducation nationale gratuit et public, ça va dépendre des nations? La justice, ça dépend des nations?

▲ B.G. : L'enseignement, primaire et secondaire en tout cas, est aujourd'hui gratuit dans la totalité des Etats membres. Je n'imagine pas que l'un d'eux veuille, demain, passer à l'école payante. Je trouverais ça consternant mais est-ce que le gouvernement fédéral devrait forcément s'y opposer? Je ne sais pas.

◢ **Ph.L.** : On ne sait pas! Moi je pense que oui, dans ma conception de ce qu'est un Etat-nation. Je pense que oui car, dès lors qu'il y a un Etat-nation, la majorité décide. Quand tu parles de ce gouvernement fédéral qui s'occupe des choses importantes et laisse l'accessoire aux nations, qui organise...

◣ **B.G.** : ... Qui définisse l'identité internationale de cet Etat.

◢ **Ph.L.** : Eh bien, curieusement, cette définition de l'Etat, cette définition de l'intervention publique, c'est celle des libéraux. Que l'Etat s'occupe du régalien! Qu'il s'occupe de la police et des affaires étrangères (l'économie on ne sait même pas). Donc c'est la définition des libéraux. En ce moment, le discours qu'on entend c'est : « Que l'Etat s'occupe de ce qui le regarde! » Et ce qui le regarde, c'est le moins de choses possible. Nous ne sommes pas loin de cette définition-là quand tu parles de ce que ferait cet Etat fédéral. On n'est pas loin de cette sorte d'Etat cantonné. Dans la nation, dans l'Etat républicain, l'Etat-nation républicain, le bien commun est décisif. C'est là la différence avec le fédéralisme.

Cela dit, je voudrais faire deux constats. Le premier est que nous sommes d'accord sur un point essentiel : la nécessité de l'organisation de l'Europe, la nécessité d'une forme d'union des forces européennes – union des forces, union des moyens, union dans la diversité.

Je constate en second lieu, et tu en seras d'accord, qu'il est temps que, maintenant, les politiques disent le vrai sur cette affaire. Je crois que les citoyens sont assez raisonnables pour entendre la vérité. Il est temps de leur dire : « Voilà où nous voulons vous emmener, voilà ce vers quoi nous voulons aller. » De le dire sans précaution inutile, au contraire, en étant très clair : « Voici une piste, voilà l'autre. »

Que l'on dise franchement les choses! Qu'on arrête cette démarche en crabe! Il y a en ce moment une ambiguïté sur les positions, une constante recherche d'une sorte de compromis mou, un concours de non-dits exaspérant. Plus on tranchera, plus on dira, mieux ça vaudra – plus les gens comprendront qu'il s'agit de leur futur. L'amorce de citoyenneté européenne, l'amorce d'élargissement du débat national à l'Europe n'aura lieu qu'à cette condition.

Pour l'heure, ce rassemblement autour de l'idée de « Fédération d'Etats-nations » m'étonne et ne me rassure pas. Cette idée symbolise trop bien à mes yeux l'embarras des hommes politiques, leur impuissance peut-être, à définir un vrai projet.

▲ B.G. : Je dirais, moi, que le pragmatisme est une nécessité. Cette expression de « Fédération d'Etats-nations », je te l'ai déjà dit, ne fait que décrire un objectif et une réalité. La réalité, c'est qu'on part d'Etats-nations pour arriver un jour à l'objectif – l'Etat fédéral.

◢ Ph.L. : Et quand tu « pars des nations », tu en fais quoi ?
Tu les abandonnes en route ?

◣ B.G. : C'est les Etats-nations qu'on dépasse, pas les nations. Les nations restent, évidemment : elles existent. Les
Français restent, les Allemands restent...

◢ Ph.L. : ... Non! « Les Français restent, les Allemands
restent... », ce n'est pas ça la nation. La nation c'est un corpus
de rapports entre des gens qui décident entre eux. Ce n'est pas
seulement les Français, les Italiens... C'est une pratique.

◣ B.G. : Oui, d'accord mais je reprends ta belle expression
d'« Etat-nation européen » et je te dis qu'on y parviendra par
le fédéralisme, que je ne vois en tout cas pas d'autre voie, que
je ne comprends pas pourquoi tu ne veux pas te donner les
moyens d'arriver à ce que tu souhaites. Pourquoi un tel
manque d'enthousiasme ? Pourquoi ce refus ?

◢ Ph.L. : Ce n'est pas une question d'enthousiasme ou de
non-enthousiasme. C'est autre chose. Je pense que les gens
créent les organes dont ils ont besoin à mesure que le besoin
s'en fait sentir et que tout ça se fait spontanément. Si pour
l'heure ça n'existe pas, c'est que les gens n'ont pas
l'impression de vivre quelque chose qui leur soit commun. Ils
ne vivent pas ce projet comme commun.

▲ B.G. : Rendons-le commun !

▲ Ph.L. : Franchement, le volontarisme, Dieu sait qu'on l'a utilisé. Mais la volonté, ce doit être, en l'occurrence, de rendre aux politiques et aux citoyens leur place dans cette modification du monde qui fait qu'on s'interroge maintenant sur la légitimité du pouvoir qui le régente. C'est ce qui se passe actuellement. Il est toujours difficile de faire des pronostics mais on est peut-être à la veille – je ne le souhaite pas – de la première crise de la mondialisation.

▲ B.G. : Oublie ce « peut-être ». On y est. C'est la première crise de doute. Le début d'une grande interrogation qui montait bien avant M. Ben Laden. On recommence à penser, à penser hors de la « fin de l'histoire » et de la « sagesse des marchés ». Ce retour de l'Histoire et des grands défis politiques suscite, jusque aux Etats-Unis, une demande d'Etat et de débat politique à laquelle il faut savoir répondre.

Qui peut le faire, si ce n'est l'Europe ? Qui peut organiser le débat mondial ? Qui peut nous sortir de l'alternative d'aujourd'hui, les révoltes les plus folles, les plus fanatiques, les plus désespérées ou bien l'acceptation suiviste, parce qu'on n'a pas le choix, du modèle américain ? Qui le peut, si ce n'est une Europe politique, pesant de tout son poids sur la scène internationale ? Il aurait fallu que cette Europe existât en 1989. Nous n'en serions pas là aujourd'hui mais, aujourd'hui, nous avons dix fois, cent fois, mille fois plus besoin d'elle encore.

Vois-tu, de toutes les objections que tu m'as opposées durant ces sept journées de discussion, il y en a une qui est irrécusable. Tu as raison de dire que sans forces politiques incarnant cette ambition, aucune organisation institutionnelle de l'Europe ne changera rien à ce face-à-face absurde, et si dangereux, entre les Etats-Unis et le reste du monde. C'est vrai. C'est l'évidence, mais à nous de faire bouger les choses. La démocratie ne s'use que si l'on ne s'en sert pas. Il faut croire aux idées. C'est elles qui changent le monde. Il faut croire à la démocratie. C'est le meilleur antidote aux révolutions et autres « chocs des civilisations ».

L'Europe est une aventure. Elle ne garantit rien en elle-même mais cette aventure est nécessaire, comme lorsqu'on aborde, au bout de la route, les terres vierges devant lesquelles il faut avancer ou reculer. Il n'est pas temps de reculer mais de marcher vers une nouvelle frontière, de redonner un cadre pertinent à la démocratie, de réinventer la politique. Pour qu'il y ait des citoyens, Philippe, pour qu'il y ait une « chose publique », encore faut-il qu'il y ait d'autres ambitions que de cultiver son jardin, lire les cours de la Bourse ou s'enrôler derrière les faux prophètes.

◢ Ph.L. : Le doute, on y est. C'est vrai et c'est peut-être aussi la première vraie secousse. La prise en compte de la globalisation commence à se faire. Je crois que les gens se mettent à raisonner dans des catégories un peu différentes et au-delà des frontières. On verra mais il y a un point, entre autres, avec lequel je suis d'accord avec toi. Ou bien nous bougeons maintenant ou bien nous nous embourbons.

Il y a une fenêtre de tir comme on dit à Kourou. D'abord parce que l'étau intellectuel libéral s'est desserré. Plus personne de sensé n'ose avancer que le marché est l'unique réponse aux questions du temps, que le « laisser faire laisser passer » est la forme la plus achevée de la modernité. Il est à nouveau possible de s'interroger sur la place que devrait logiquement occuper la sphère marchande. Le rôle de l'Etat redevient central. Au regard de la culture européenne, c'est une chance historique. L'Histoire dont Fukuyama avait dit qu'elle était finie revient vers nous. Notre expérience, loin d'être un boulet, redevient utile. Le moment n'est peut-être pas si éloigné qui verra les chercheurs se pencher à nouveau sur ce modèle européen tant décrié par la presse anglo-saxonne.

Encore faut-il que ce modèle nous l'assumions hautement, quitte à le moderniser au meilleur sens du terme cette fois. Nouveaux moyens d'appropriation sociale, sauvegarde du système collectif de la protection sociale, rééquilibrage des rapports entre le droit et la loi : les chantiers ne manquent pas et, pour peu qu'ils soient menés à bien, ils peuvent faire de l'Europe sinon un modèle du moins un mode alternatif d'organisation de la société. Si aller dans cette direction suppose d'être un militant européen, alors j'accepte d'être considéré comme tel.

Non! Ne souris pas! Ce n'est pas une conversion. C'est un constat, renforcé par une photo publiée dans la presse à la mi-octobre. On y découvrait, à l'occasion d'un sommet asiatique, MM. Poutine, Bush et Jiang Zemin vêtus d'une veste chinoise et souriant comme des complices sinon comme des alliés. J'y ai vu l'illustration du basculement du monde vers le Pacifique. J'y ai vu également une cruelle absence, la nôtre, celle de l'Europe.

Cette photo, les chefs d'Etat et de gouvernement des pays membres de l'Union devraient l'avoir obligatoirement sur leur bureau. Je propose même qu'elle figure en couleurs et en grand sur les murs des salles de réunion des sommets européens. Cela rappellerait à nos Excellences que nous ne sommes plus seuls au monde et qu'il ne tient qu'à eux que nous y tenions notre place.

Les stock-options

Philippe Jaffré & Laurent Mauduit

Les fonds de pension

William D. Crist & Jean-Christophe Le Duigou

La mondialisation libérale

Susan George & Martin Wolf

www.ingramcontent.com/pod-product-compliance
Lightning Source LLC
La Vergne TN
LVHW051237060726
842526LV00013B/2967